중국어
관용구
300

중국어
관용구
300

이경규 편저

머리말

오래전부터 학교에서 학생들에게 강의하면서 고민했던 문제 중 하나는 대부분의 중국어 교재들이 모두 기본적인 의사를 표현하는 방법이 유사하거나 동일하다는 것이다. 중국인들이 실제 생활에서 이렇게 한가지로만 자신의 의사를 전달하지 않는다고 볼 때, 표현의 다양성과 실용성 이란 면에서 무언가 부족하다는 생각이 항상 있었다. 그러던 중에 교육대학원에서 중국어 회화 교육과 관련된 강좌를 하게 되면서 중국어의 관용적 표현에 대한 생각을 구체화하고 싶은 생각이 들었다. 대학원 학생들과 어떻게 하면 학생들에게 살아있는 중국어를 잘 가르칠 수 있는가 하는 문제에 대해 고민했고 이에 대한 해결책으로 중국어 관용구 표현을 찾아보게 되었다.

이번에 출간하게 된 중국어 관용구 300이란 작은 책은 이런 고민과 학습을 거친 결과물이다. 이 책은 기초 중국어를 배운 학생들이 대개는 "又…又…", "不但…而且…", "真有办法"와 같은 형식으로 중국어 표현과 회화를 공부하지만, 실제 중국어 회화에서는 위와 같은 대화들 보다는 좀더 구어체적인 표현으로 "说A也A, 说不A也不A", "A也不是, B也不是", "真有你的" 등의 표현이 더 자주 등장한다. 그래서 우리는 후자의 표현방식을 관용구라고 칭하고, 이방식을 통해 학습하면 중국어 표현과 회화에 큰 도움이 될 수 있을 것이라고 추측한다.

끝으로 항상 부족한 원고를 아름다운 책으로 만들어 주시는 제이앤씨 편집부 직원들과 윤 사장님에게 진심으로 감사를 드린다.

2018년 1월 이경규

차 례

001	A, A不…, B, B不…	9
002	A, A没有, B, B没有	9
003	A, A, 再A	10
004	A啊A	10
005	A吧…, 不A吧…	11
006	A毕竟是A	11
007	A不A B不B (的)	12
008	A不A, 关键看(是)…	12
009	A不 B 谁 B	13
010	형용사 +不到哪儿去 (A也A不到哪儿去)	13
011	형용사 + 不了多少	14
012	A不了几B	14
013	A当不了饭吃	15
014	A到B(的)头上来了	15
015	做梦也没想到	16
016	형용사 +到哪儿去了	16
017	동사 + 到哪儿算哪儿	17
018	A的A, B的B	17
019	A的还在后头呢	18
020	동사 + 的就是你	18
021	형용사 + 得不能再 + 형용사(了)	19
022	A得跟什么似的	19
023	A都不(没)A 一下	20
024	동사 + (个)什么劲儿	20
025	A归A,…	21
026	동사 + 还是要 + 동사(的)	21
027	명사 + 还是要 + 동사(的)	22
028	A就A吧(형용사 + 就A点儿吧)	22
029	A就A吧, …干吗	23
030	总…吧	24
031	A就A在…	24
032	A就B, 不A就C	25
033	A就不叫(是)A了	25
034	A就是A	26
035	A就是一B	26
036	A来A去, 都是…	27
037	A来A去, 就是…	27
038	A了B, B了A	28
039	A了不是	28
040	A (了) 就A (了) 呗	29
041	A了去了	29
042	A了又A	30
043	知道的… 不知道的…	30
044	A了又怎样	31
045	A没B, B没B	31
046	A什么B啊	32
047	A 什么(呀)	32
048	A是A,…	33
049	A是A, B是B	33
050	A是怎么搞的	34
051	A 也A不…, B也B不…	34
052	真有你的	35
053	A也A不得, B也B不得	35
054	A也A了, B也B了	36
055	A 也罢(也好), B也罢(也好)	36
056	A也不是, B也不是	37
057	A也得A, 不A也得A	38
058	A也太B了	38
059	A也(真)是(的)	39
060	A(也)真行	39
061	A一点儿是一点儿	40
062	A以为A是谁	40
063	A有你(们)B的	41
064	A(又)不能当饭吃	41
065	A又怎么样, 不A又怎么样	42
066	A 在 B (的)手上(里)	42
067	동사 + 着玩儿(的)	43
068	A着也是A着	43
069	爱A不A①	44
070	爱A不A②	44
071	爱A (就) A	45
072	比A还A	45
073	闭着眼睛都能…	46
074	别…的	46
075	别的不说, 就说…吧	47
076	别看…	47
077	别人不A, 你(们) 还不A	48
078	别是…	48
079	…之日, 就是…之时	49
080	别提(有) 多 A 了	49
081	别往心里去	50
082	…不 A, A的是…	50
083	不A白不A	51
084	不A不A, …	51
085	不A不行(啊)	52
086	不A不知道, 一A吓一跳	52
087	不A才怪呢	53
088	不 A 还(能) B	53
089	不A …就A…	54
090	不 A 就不 A	54
091	不A就是不A	55
092	不把 A 当回事儿	55
093	不把 A 放在眼里	56
094	不管怎么说	56
095	不就是A吗?	57
096	…不就(得)(完)(行) 了吗①	57
097	真是(的)	58
098	…不客气了	58
099	不瞒你说	59
100	不怕…, 就怕…	59

101	不是…的料	60		151	叫你A(你)就A	84
102	是…的料	60		152	(就)更不用说了	85
103	不是我说 A…	61		153	就看…的了	85
104	这一A不要紧	61		154	…就是了①	86
105	… 不说, 还…	62		155	… 就是了②	87
106	不… 找我	62		156	就知道…	87
107	不知(道)…才好	63		157	开什么玩笑①	87
108	不知怎么搞的(不知怎么了, …)	63		158	开什么玩笑②	88
109	才不A呢	64		159	看A怎么B	89
110	才(叫)A呢	64		160	看把AB得	89
111	丑话说在前头(前面)	65		161	看不出来	90
112	除了A, 还是A	65		162	看你,…	90
113	大A的	66		163	这下…了吧	91
114	到时候再说	66		164	看你说的	91
115	倒也是	67		165	看谁 + 动词 ①	92
116	都…了	67		166	看谁 + 动词 ②	92
117	都…了, 还…	68		167	看我的	93
118	都什么时候了	68		168	看着A吧	93
119	都是ABA的	69		169	亏你(们)…	94
120	都是A闹的	69		170	这下倒好	94
121	放A点儿	70		171	这下可A了	95
122	放着A不B, …	70		172	没那么便宜	95
123	非…不可(不行)	71		173	明明A, 还B	95
124	该A的都A了	71		174	明知A, 也不B	96
125	该A还(是)A	72		175	哪儿的话	96
126	该A(就)A	72		176	哪儿跟哪儿啊	97
127	该A(时) 就A	73		177	哪能啊	98
128	高兴得太早了	73		178	哪能说/想 就A (啊/呢)	98
129	给… 点儿颜色看看	74		179	哪有A那么(这么)B的	99
130	跟…过不去	74		180	这算什么	99
131	够A(的) 了	75		181	那得(要)看…	100
132	怪… 的	75		182	那还A得了	100
133	光A不B	76		183	(那)还A 什么	101
134	过去(了) 就过去了	76		184	那还用说(吗)	101
135	这也叫A	77		185	那哪行啊	102
136	这也不A, 那也不B	77		186	这是从哪儿说起呀	102
137	…还差不多	78		187	能A就A	103
138	还没A, 就B	78		188	能A就行	103
139	还… 呢①	79		189	能不A就不A	104
140	还…呢②	79		190	能…才怪(呢)	104
141	还是…吧	79		191	(你)才A呢	105
142	还是… (的)好	80		192	你等着(瞧)	105
143	还是… 来吧	80		193	(你)还别说	106
144	还说呢	81		194	这你就不懂了	106
145	好你个…	81		195	你(们)A 你(们) 的	107
146	话不能这么说	82		196	你(们) 给我…	107
147	话是这么说	82		197	你(们)再 + 动词	108
148	话(又)说回来(了)	83		198	你说A不A	108
149	换句话说	83		199	这么一来, 就…	109
150	叫…A, … (还) 真A呀	84		200	这叫什么事儿阿	109

201	你问我, 我问谁	110	251	退一步说	137
202	你也不看看(想想)…	111	252	我当是谁呢	138
203	你也有今天	111	253	我就知道…	138
204	你有你的A, 我有我的B	112	254	(我) 让你…	139
205	(你)又来了	112	255	我说,…	139
206	这叫什么 + 名词 +啊	113	256	我说A 怎么B 呢, 原来…	140
207	这还A(啊)	113	257	我说(的)怎么样	141
208	照你这么说	114	258	我说呢	141
209	让 A + 动词 + 好了	114	259	我说呀	142
210	让A + 动词 + 算了	115	260	我说怎么…呢	143
211	照A不误	115	261	无所谓A不A	143
212	让你 + 动词(动词句)	116	262	(先)…再说	144
213	怎么说…	116	263	怎么A都B	145
214	让我说你什么好(呢)	117	264	想 + 动词 不想 + 动词的	145
215	让我怎么说你(呢/才好)	117	265	想A就A	146
216	什么A + B的	118	266	像那么回事儿	146
217	什么A不A的	118	267	像什么话	147
218	什么A呀B的	119	268	像什么样子	147
219	什么都不 + 动词(句), 就…	120	269	(要) 动词 + 就 + 动词	148
220	什么风把你吹来了	120	270	要A有A, 要B有B	148
221	生是…人, 死是…的鬼	121	271	要多 + 形容词 有多 + 形容词	149
222	实话告诉你(吧)	121	272	要说…(啊)	150
223	事到如今, (也)只好(能)…	122	273	早干什么去了	150
224	是A都(就)B	122	274	早A就B了	151
225	…不是(闹着)玩儿的	123	275	…也就罢了(算了), …	151
226	是… 的时候了	123	276	一A(就)A了…	152
227	… 是干什么吃的	124	277	一A就是B	152
228	是时候了	124	278	有A呢	153
229	谁让…呢①	125	279	有句话不知当讲不当讲	153
230	谁让… 呢②	125	280	有什么A的	154
231	谁说不是呢	126	281	有什么好(可)A的	155
232	谁说的	126	282	又让我 + 动词	155
233	说A就A①	127	283	再+形容词 + 不过了	156
234	说A就A②	127	284	再A就B了	156
235	说A就是A	128	285	再A也B	157
236	说A也A, 说不A也不A	128	286	…再A也不迟	157
237	说A也不A, 说B也不B	129	287	再A也没有…A	158
238	说到哪儿去了	129	288	再(给我) A …	158
239	张口一个A, 闭口一个A	130	289	俩谁跟谁呀	159
240	怎么个A法	131	290	早不A, 晚不A	159
241	说句不好听的(话)	131	291	A 得多了	160
242	说(句)老实话	132	292	连… 都不…	160
243	早知道A就B了	133	293	有的A, 有的B	161
244	说起… (来) 一套一套的	133	294	一直…	161
245	说什么也得…	134	295	既不A, 也不B	162
246	说是A, 其实(实际上)B	134	296	尽管 A 也 B	162
247	死了这份(条)心吧	135	297	之所以A, 是因为B	163
248	随A去吧	135	298	像A 像B	163
249	太阳从西边出来了	136	299	唯有A, 才B	164
250	听你这么一说…	136	300	要A 不要B	164

001 >>>> A, A不…, B, B不…

"모든 면에서 다 …아니다"라는 의미로 사용한다. 이때 A와 B는 명사와 동사 모두 올 수 있다.

[예문] (1) 他这人太懒, 饭, 饭不做, 衣服, 衣服不洗。
　　　　Tā zhè rén tài lǎn, fàn, fàn bú zuò, yīfu, yīfu bù xǐ.
　　　　그는 사람이 너무 게을러서 밥도 하지 않고, 옷도 빨지 않는다.

(2) 我学了十年英语, 可是听, 听不懂, 说, 说不了。
　　　Wǒ xuéle shí nián Yīngyǔ, kěshì tīng, tīng bu dǒng, shuō, shuō bu liǎo.
　　　나는 10년간 영어를 배웠지만, 듣는 것도 못 알아듣고, 말하는 것도 하지 못한다.

[유사표현] 什么都不…(아무 것도 …아니다)

002 >>>> A, A没有, B, B没有

"아무 것도 없음", 혹은 "어떤 조건도 구비하지 않음"을 나타낸다. A와 B는 명사와 동사가 다 올 수 있다.

[예문] (1) 当初我们学校桌子, 桌子没有, 黑板, 黑板没有了。
　　　　Dāngchū wǒmen xuéxiào zhuōzi, zhuōzi méiyǒu, hēibǎn, hēibǎn méiyǒu le.
　　　　처음 우리학교는 책상 같은 책상도 없었고, 칠판 같은 칠판도 없었다.

(2) 他们村种子, 种子没有, 技术, 技术没有啊!
　　　Tāmen cūn zhǒngzi, zhǒngzi méiyǒu, jìshù, jìshù méiyǒu a!
　　　그들 농촌에는 종자다운 종자도 없고, 기술다운 기술도 없었다.

(3) 那时候, 吃, 吃没有, 穿, 穿没有, 条件非常艰苦。
　　　Nà shíhou, chī, chī méiyǒu, chuān, chuān méiyǒu, tiáojiàn fēicháng jiānkǔ.
　　　그 때, 먹을 것이란 것도 없었고, 입을 것이란 것도 없어서 조건이 매우 열악했다.

[유사표현] 什么都没有(아무 것도 없다)
我们什么都没有, 唯一的本钱就是青春。 우리는 아무 것도 없다 유일한 밑천이 청춘이다.

003 A, A, 再A

모종의 동작을 계속 강화해야할 필요가 있음을 표시한다. A는 보통 쌍음절 동사가 온다.

예문

(1) 为了在运动会上取得好成绩, 我们要做的是苦练, 苦练, 再苦练。
Wèile zài yùndònghuì shàng qǔdé hǎo chéngjī, wǒmen yào zuòde shì kǔliàn, kǔliàn, zài kǔliàn.
운동회에서 좋은 성적을 얻기 위해서, 우리가 해야 할 것은 연습, 연습, 또 연습뿐이다.

(2) 你现在必须忍耐, 忍耐, 再忍耐!
Nǐ xiànzài bìxū rěnnài, rěnnài, zài rěnnài!
당신은 지금 반드시 참고 참고 또 참아야만 합니다.

(3) 我们要学习, 学习, 再学习。
Wǒmen yào xuéxí, xuéxí, zài xuéxí.
우리는 공부, 공부, 또 공부해야한다.

유사표현 不断… (끊임없이)　一直… (계속하여)
我对于那件事不断努力。 나는 그 일에 부단히 노력하고 있다.

004 A啊A

어떤 사람을 직접 대면하여 책망, 분노, 후회, 실망 등의 어감을 포함한다. 이때 A는 인명이나 인칭대명사로 사람을 나타낸다.

예문

(1) 小王啊小王, 你真糊涂啊!
Xiǎo Wáng a Xiǎo Wáng, nǐ zhēn hútu a!
샤오왕아 샤오왕, 너 진짜 멍청하구나.

(2) 你呀你, 这么大的人了, 让我怎么说你好呢?
Nǐ ya nǐ, zhème dà de rénle, ràng wǒ zěnme shuō nǐ hǎo ne?
너 말이야, 이렇게 나이를 먹었는데 내가 너에게 어떻게 말해야 좋을까?

(3) 小宝啊小宝, 妈妈跟你说过多少遍了。
Xiǎo Bǎo a Xiǎo Bǎo, māma gēn nǐ shuōguò duōshǎo biàn le.
샤오바오야, 엄마가 너에게 몇 번이나 말했니.

005 　A吧…, 不A吧…

이렇게 해도 저렇게 해도 적절하지 않아 진퇴양난임을 표현한다. 이때 A는 동사나 동사구가 온다. "吧"는 경우에 따라 생략할 수도 있다.

예문

(1) 去吧，我不愿意，不去吧，又不好意思。
　　Qù ba, wǒ bú yuànyì, bú qù ba, yòu bù hǎo yìsi.
　　가자니 내가 가고 싶지 않고, 안가자니 또 미안하다.

(2) 你也不小了，说你吧，怪不好意思的，不说你吧，你也太过分了。
　　Nǐ yě bù xiǎole, shuō nǐ ba, guài bù hǎoyìsi de, bù shuō nǐ ba, nǐ yě tài guòfènle.
　　너도 나이를 적지 않게 먹었으니, 뭐라고 하자니 좀 멋쩍고, 아무 말도 안하자니 너는 너무 심했다.

(3) 对他，说好，我违心，说不好，你伤心。
　　Duì tā, shuō hǎo, wǒ wéixīn, shuō bù hǎo, nǐ shāngxīn.
　　그에 대해 좋다고 하면 내 양심에 어긋나고, 나쁘다고 하면 네가 상처받을 것 같다.

유사표현 左右为难 (진퇴양난)
我左右为难，不知是做数学还是写英语。
나는 수학을 할지 아니면 영어를 써야 할지 몰라 매우 곤란하다.

006 　A毕竟是A

"A는 결국 A다"라는 의미로 다른 것과 달리 모종의 특성을 갖추었음을 강조한다. 이때 A는 보통 특정한 부류의 사람이나 사물을 가리킨다.

예문

(1) 班长毕竟是班长，觉悟很高。
　　Bānzhǎng bìjìng shì bānzhǎng, jué wù hěn gāo.
　　반장은 확실히 반장이다. 깨달음이 매우 뛰어나다.

(2) 小孩儿毕竟是小孩儿，不会跟你装假。
　　Xiǎo háir bìjìng shì xiǎo háir, bú huì gēn nǐ zhuāngjiǎ
　　어린이는 어린아이구나, 너한테 시치미를 못 떼네.

(3) 商人就是商人，哪能做亏本的买卖?
　　Shāngrén jiùshì shāngrén, nǎ néng zuò kuīběn de mǎimài?
　　상인은 상인이야, 어떻게 손해 보는 장사를 하겠니?

[유사표현] "毕竟"은 "到底"와 교환하여 사용할 수 있다.
A毕竟是A…(결국은…), A到底是A… (결국은…)
理论和现实毕竟是有距离的。 이론과 현실은 결국 거리가 있다.

007 >>>> A不A B不B (的)

두 가지 면에서 다 뛰어나지 않음을 강조하고, 주로 부정적인 의미를 내포한다. 이 때 A와 B는 보통 대비되는 의미의 단어를 사용한다. "的"는 때로는 생략할 수 있다.

[예문] (1) 你炒的什么菜呀, (甜)不甜(成)不成的!
Nǐ chǎo de shénme cài ya, (tián) bù tián (chéng) bùchéng de!
무슨 음식을 볶았는데 맛도 없고 미완성 같다.

(2) 她打扮得人不人鬼不鬼(的), 把我吓了一大跳。
Tā dǎban de rén bù rén guǐ bù guǐ (de), bǎ wǒ xiàle yí dà tiào.
그녀가 화장한 것은 사람도 귀신도 아닌 것이 나를 매우 놀라게 했다.

(3) 我觉得这种颜色不好看, 不红不黄的。
Wǒ juédé zhè zhǒng yánsè bù hǎokàn, bù hóng bù huáng de.
내 생각에는 이런 색은 별로 보기 좋지 않다. 빨갛지도 않고 노랗지도 않다.

[유사표현] 既不…, 也不… (…하지도 않고 …하지도 않다)
我既不相信他们的好话,也不害怕他们的恐吓。
나는 그들의 달콤한 말도 믿지 않을 뿐 아니라 그들의 위협도 두려워하지 않는다.

008 >>>> A不A, 关键看(是)…

어떤 상황의 결과가 사건의 특정한 면을 결정함을 표시한다. "A不A"의 결과는 후반 구문에 달려있다. 이때 A는 동사나 형용사가 온다.

[예문] (1) 我们同意不同意你去, 关键看你的态度。
Wǒmen tóngyì bù tóngyì nǐ qù, guānjiàn kàn nǐ de tàidù
우리가 네가 가는 것에 동의할 건지 말건지 중요한 것은 너의 태도이다.

(2) 这次考试能不能通过, 关键是他是不是认真准备了。
Zhè cì kǎoshì néng bùnéng tōngguò, guānjiànshì tā shì bú shì rènzhēn zhǔnbèi le.
이번 시험에 통화할 수 있는지 없는지는 그가 열심히 준비하였는가가 관건이다.

(3) 中国队能不能进入决赛，关键就看这场比赛了。
　　Zhōngguó duì néng bùnéng jìnrù juésài, guānjiàn jiù kàn zhè chǎng bǐsàile.
　　중국 팀이 결승에 들어갈 수 있는지 없는지는 이번 경기가 중요한 관건이다.

009 >>>> A不B谁B

단지 특정한 사람만 자격이 있음을 표시한다. 이때 A는 특정한 사람을 표시하고 B는 동사 혹은 형용사가 온다.

예문 (1) 这里就属我年纪大，我不去谁去。
　　Zhèlǐ jiù shǔ wǒ niánjì dà, wǒ bú qù shéi qù.
　　여기서 내가 제일 연장자에 속하는데 내가 가지 않으면 누가 가겠는가.

(2) 男子110米栏，刘翔不赢谁赢。
　　Nánzǐ 110 mǐ lán, Liú Xiáng bù yíng shéi yíng.
　　남자 110미터 허들에서 리우샹이 이기지 않으면 누가 이기겠는가.

(3) 我们谁也比不了你，你不先进谁先进？
　　Wǒmen shéi yě bǐ bu liǎo nǐ, nǐ bù xiānjìn shéi xiānjìn?
　　우리는 다 당신보다 못한데 당신이 먼저 들어가지 않으면 누가 먼저 들어갑니까?

유사표현 一定得…(반드시 …하다)　就是…
　　他既然违反了校规，一定得惩治他。 그는 학칙을 어겼으니 반드시 처벌해야 한다.

010 >>>> 형용사 +不到哪儿去 (A也A不到哪儿去)

정도가 심하지 않거나 차이가 크지 않음을 강조한다. 이때 A는 형용사로 주로 단음절의 단어가 오지만 2음절도 올 수 있다.

예문 (1) 我们都是一个班的，估计他的成绩好不到哪儿去。
　　Wǒmen dōu shì yígè bān de, gūjì tāde chéngjī hǎo bú dào nǎr qù.
　　우리는 모두 한 반이라 아마 그의 성적도 그다지 좋지 않을 것이다.

(2) 都四月份了，外面(冷也)冷不到哪儿去。
　　Dōu sì yuè fènle, wàimiàn (lěng yě) lěng bú dào nǎr qù.
　　이미 4월이라 밖이 그다지 춥지 않을 것이다.

(3) 他们几个岁数差不多, 个子高也高不到哪儿去.
Tāmen jǐ ge suìshu chà bu duō, gèzi gāo yě gāo bú dào nǎr qù.
그들 몇몇은 나이가 비슷해서 키가 크다고 해도 별 차이가 없다.

[유사표현] 差不多(비슷하다)　差不了多少(차이가 거의 없다)

011 〉〉〉〉 형용사 + 不了多少

"별로… 않다"라는 의미로 정도의 차이가 크지 않은 것을 표시한다.

[예문] (1) 我比他大两岁, 但个子高不了多少。
Wǒ bǐ tā dà liǎng suì, dàn gèzi gāo bu liǎo duōshǎo.
나는 그보다 두 살 많지만 키는 별로 크지 않다.

(2) 我觉得这条路比那条路近不了多少。
Wǒ juédé zhè tiáo lù bǐ nà tiáo lù jìn bu liǎo duōshǎo.
내 생각에는 이 길이 저 길보다 별로 가깝지는 않은 것 같다.

(3) 既然这儿比超市贵不了多少, 就在这儿买吧。
Jìrán zhèr bǐ chāoshì guì bu liǎo duōshǎo, jiù zài zhèr mǎi ba.
여기가 슈퍼보다 얼마 비싸지 않으니, 여기서 사자.

[유사표현] 差不多(비슷하다)　相差无几(차이가 거의 없다)

012 〉〉〉〉 A不了几B

수량이 적고 정도가 심하지 않은 것을 표시한다. 이때 A는 동사나 형용사, B는 동량사가 온다. 동량사 대신 경우에 따라 명사가 올 수도 있다.

[예문] (1) 他家离我家不远, 走不了几步就到了。
Tā jiā lí wǒjiā bù yuǎn, zǒu bu liǎo jǐ bù jiù dàole.
그의 집은 우리 집과 별로 멀지 않아서 몇 걸음만 걸으면 바로 도착한다.

(2) 我们经常见面, 平时打不了几个电话。
Wǒmen jīngcháng jiànmiàn, píngshí dǎ bu liǎo jǐ ge diànhuà.
우리는 늘 만나서 평상시에는 전화도 몇 통 하지 않는다.

(3) 现在虽说是淡季, 但价格也低不了几块(钱)。
Xiànzài suī shuō shì dànjì, dàn jiàgé yě dī bu liǎo jǐ kuài(qián).
비록 지금 비수기라고는 하지만 가격이 몇 푼 떨어지지도 않았다.

013 ▶▶▶▶ A当不了饭吃

"A를 해서 먹고살 수 있는가?"라는 의미로, 중요한 작용을 하지 못하거나 혹은 생활문제를 해결할 수 없음을 표시한다. 이때 A는 주로 동사구나 명사가 올수 있다. 주로 부정문과 의문문에 사용한다. 가끔 어기를 강조하기 위해 "当"앞에 "又"자를 첨가하기도 한다.

(1) 画画儿又当不了饭吃, 我得先解决吃饭问题呀。
Huà huàr yòu dāng bu liǎo fàn chī, wǒ děi xiān jiějué chīfàn wèntí ya.
그림 그리는 게 밥 먹여주는 것도 아니고, 우선 밥 먹는 문제를 해결해야겠어.

(2) 你不做正事, 那玩意儿能当饭吃吗?
Nǐ bú zuò zhèngshì, nà wán yìr néng dāng fàn chī ma?
너는 제대로 된 일은 하지 않는데, 그 짓거리가 밥 먹여 주나?

(3) 穿得漂亮不能当饭吃, 应该比学习才对。
Chuān de piàoliang bù néng dāng fàn chī, yīnggāi bǐ xuéxí cái duì.
예쁘게 입는 게 밥을 주는 것도 아니고, 당연히 공부를 비교하는 게 맞지.

유사표현 …有什么用?(무슨 소용이 있나)　能吃饱肚子吗?(배를 채울 수 있냐?)
你老抖落陈谷子烂芝麻有什么用?　늘 하찮은 일만 들춰내니 무슨 소용이 있나?

014 ▶▶▶▶ A到B(的)头上来了

특정한 사람에게 특정한 행동을 하는 것을 표시하거나 때로는 화가 난 것을 포함한다. 이때 A는 동사, B는 특정인을 표시한다. "的"는 생략할 수도 있다.

(1) 你胆子不小, 竟敢欺负到我(的)头上来了。
Nǐ dǎnzi bù xiǎo, jìng gǎn qīfu dào wǒ(de) tóu shàng lái le.
너 담이 작지 않구나, 감히 나를 놀리려고 하다니.

(2) 我就不清楚这件事, 这笔账怎么算到我头上来了?
Wǒ jiù bù qīng chu zhèjiàn shì, zhè bǐ zhàng zěnme suàn dào wǒ tóushàng lái le?
나는 이 일에 대해 알지 못하는데 이 계산이 왜 나에게 돌아온 것이냐?

(3) 这还了得，竟然胡说到我女儿(的)头上来了。
　　Zhè hái liǎo dé, jìngrán húshuō dào wǒ nǚ'ér (de) tóu shàngláile.
　　이거 큰일이네, 감히 내 딸에 대해 엉터리로 말을 하다니.

015 >>>> 做梦也没想到

사건이 완전히 예상 밖임을 표시한다. 놀람의 의미가 있다. 때로는 "真是"와 같이 사용하여 수식성분으로 사용할 수 있다.(예문 3)

예문 (1) 我做梦也没想到，两年没见，儿子长这么高了。
　　Wǒ zuòmèng yě méi xiǎngdào, liǎng nián méi jiàn, érzi zhǎng zhème gāole.
　　나는 2년간 못 봤는데 아들의 키가 이렇게 크리라곤 꿈에도 생각지 못했다.

(2) 我儿子考上了北京大学，真是做梦也没想到。
　　Wǒ érzi kǎo shàngle Běijīng dàxué, zhēnshi zuòmèng yě méi xiǎngdào.
　　내 아들이 베이징 대학에 합격할 줄은 꿈에도 생각하지 못했다.

(3) 妈妈这么快就出院了，真是做梦也没想到。
　　Māma zhème kuài jiù chū yuànle, zhēnshi zuòmèng yě méi xiǎngdào.
　　어머니가 이렇게 빨리 퇴원하실 줄은 꿈에도 생각하지 못했다.

016 >>>> 형용사 +到哪儿去了

두 가지 사물을 비교하여 정도가 심하고 차이가 큰 것을 표시한다. "到"는 때로는 생략할 수 있다.

예문 (1) 这次火灾比上次严重到哪儿去了，损失恐怕不下300万。
　　Zhè cì huǒzāi bǐ shàng cì yánzhòng dào nǎr qùle, sǔnshī kǒngpà bú xià 300 wàn.
　　이번 화재는 지난번보다 훨씬 심각하여, 손실이 아마 300만 이상일 것이다.

(2) 要说跑步，王力的速度比李民快哪儿去了。
　　Yào shuō pǎobù, Wáng Lì de sùdù bǐ Lǐ Mín kuài nǎr qùle.
　　달리기라면, 왕리의 속도가 리민보다 훨씬 빠르다.

(3) 那儿比这儿冷到哪儿去了，我都不敢出门。
　　Nàr bǐ zhèr lěng dào nǎr qùle, wǒ dōu bù gǎn chū mén.
　　그곳은 이곳보다 엄청 추워서, 나는 밖에 나갈 생각도 못한다.

유사표현 형용사 + 得多了(형용사의 정도가 심함을 표현)

017 〉〉〉〉 동사 + 到哪儿算哪儿

어떤 행동이 무계획하거나 계획을 완성할 수 없어 임시로 대처할 수밖에 없음을 표시한다. 이때는 주로 단음절 동사를 사용한다.

예문 (1) 天黑前，走到哪儿算哪儿。
Tiān hēi qián, zǒu dào nǎr suàn dào nǎr.
해지기 전에, 가는데 까지 가지.

(2) 这个故事很长，今天我讲到哪儿算哪儿。
Zhège gùshi hěn cháng, jīntiān wǒ jiǎng dào nǎr suàn nǎr.
이 이야기는 매우 기니, 오늘 얘기하는 데까지 하지.

(3) 这本书你打算每天看多少页？
Zhè běn shū nǐ dǎsuàn měitiān kàn duōshǎo yè?
이 책을 매일 몇 장씩 볼 계획이니?

看到哪儿算哪儿，反正是自己的书。
Kàn dào nǎr suàn nǎr, fǎnzhèng shì zìjǐ de shū.
보는데 까지 보는 거지, 어차피 내 책이니 말이야.

유사표현 동사 + 到哪儿都可以

018 〉〉〉〉 A的A, B的B

사람이나 사물의 상황이나 동작이 일부는 이렇고, 일부는 어떻다는 것을 표시한다. 때로는 모종의 상황을 개략적으로 가리킨다. 이때 A와B는 보통 형용사, 동사 혹은 동사구가 온다.

예문 (1) 你写的什么字啊？大的大，小的小。
Nǐ xiě de shénme zì a? Dà de dà, xiǎo de xiǎo.
너 무슨 글자를 쓴 거니? 큰 건 크고 작은 건 작구나.

(2) 教室里说的说，玩儿的玩儿。
Jiàoshì lǐ shuō de shuō, wánr de wánr.
교실에 떠드는 사람은 떠들고, 노는 사람은 논다.

(3) 会上睡觉的睡觉，看报的看报，没有几个在听的。
　　Huìshàng shuìjiào de shuìjiào, kànbào de kànbào, méiyǒu jǐ ge zài tīngde.
　　회의에서 자는 사람은 자고, 신문 보는 사람은 보고, 듣는 사람이 몇 명 없다.

[유사표현] 有的…，有的…(일부는 …하고, 일부는 …하다)

019 >>>> A的还在后头呢

"더…한 것은 뒤에 있다"라는 의미로 나중에 오는 것이 정도가 더 강한 것을 표시한다. 이때 A는 보통 형용사나 형용사구 혹은 동사나 동사구가 온다.

[예문] (1) 慢慢吃，不要急，好吃的还在后头呢。
　　Màn man chī, bú yào jí, hǎo chī de hái zài hòutou ne.
　　천천히 먹어, 급하지 않게, 더 맛있는 건 뒤에 나오는걸.

(2) 这个节目太好看了!
　　Zhège jiémù tài hǎo kàn le!
　　이 프로그램 정말 재미있다!

　　好看的还在后头呢。
　　Hǎo kàn de hái zài hòutou ne.
　　더 재미있는 건 뒤에 있어.

[유사표현] 后面还有更…的,(뒤에 더…한 것이 있다)

020 >>>> 동사 + 的就是你

"…하는 건 바로 너야"라는 의미로 모종의 동작 행위가 상대를 정 조준한 것임을 강조한다. 때로는 증오의 어감이 있다.

[예문] (1) 别看别人，说的就是你!
　　Bié kàn biérén, shuō de jiùshì nǐ!
　　다른 사람 보지 마, 너 말하는 거야.

(2) 骂的就是你! 做出这种事，你不该挨骂吗?
　　Mà de jiùshì nǐ! Zuò chū zhè zhǒng shì, nǐ bù gāi ái mà ma?
　　너를 욕하고 있지! 이런 일을 하고, 욕먹지 않을 거 같아?

(3) 你找错人了吧? 没错, 找的就是你。
Nǐ zhǎo cuò rénle ba? Méi cuò, zhǎo de jiùshì nǐ.
너 사람 잘못 찾은 거 아냐? 틀림없어! 찾는 사람이 바로 너야.

021 >>>> 형용사 + 得不能再 + 형용사(了)

정도가 심한 것을 표현한다. 문미의 "了"는 생략할 수도 있다.

예문 (1) 他是个普通得不能再普通的人。
Tā shì gè pǔtōng de bùnéng zài pǔtōng de rén.
그는 평범해도 그렇게 평범할 수 없는 사람이다.

(2) 情况糟得不能再糟了, 你要作好心理准备。
Qíngkuàng zāo de bùnéng zài zāole, nǐ yào zuò hǎo xīnlǐ zhǔnbèi.
상황이 더 악화될 수 없을 만큼 악화되었으니 너는 마음의 준비를 해야 한다.

(3) 这价格低得不能再低了, 现在不买就没机会了。
Zhè jiàgé dī dé bùnéng zài dīle, xiànzài bù mǎi jiù méi jīhuì le.
가격이 낮을 내야 더 낮을 수 없어, 지금 사지 않으면 기회가 없을 것이다.

유사표현 最+형용사+的了(가장 …하다) : 最好的了(가장 좋다)
他的条件已经是最好的了。 그의 조건이 이미 가장 좋은 것이다.

022 >>>> A得跟什么似的

정도가 심함을 표시한다. 이때 A는 동사 혹은 형용사가 온다.

예문 (1) 她穿上漂亮的新衣服, 高兴得跟什么似的。
Tā chuān shàng piàoliang de xīn yīfu, gāoxìng de gēn shénme shìde.
그녀는 예쁜 새 옷을 입고 뭐처럼 매우 기뻐한다.

(2) 你还没回来, 你妈急得跟什么似的。
Nǐ hái méi huí lái, nǐ mā jí de gēn shénme shì de.
네가 아직도 돌아오지 않아, 엄마가 매우 걱정하신다.

(3) 瞧你现在胖得跟什么似的, 也不减减肥。
Qiáo nǐ xiànzài pàng de gēn shénme shì de, yě bù jiǎn jiǎnféi.
지금 너 뭐처럼 살찐 모습을 보고도 다이어트도 안하지.

023 >>>> A都不(没)A 一下

모종의 행위가 발생하지 않거나 근본적으로 발생할 수 없음을 강조한다. A는 동사 혹은 동사구를 사용해 사람의 행위를 대표한다. 그리고 "一下"를 "一次" 등의 동량사로 쓸 수도 있고 생략도 가능하다.

예문 (1) 我到了那儿，他看都不(没)看我一眼。
Wǒ dàole nàr, tā kàn dōu bú(méi) kàn wǒ yīyǎn.
내가 거기 갔는데 그는 나를 한번 쳐다보지도 않았다.

(2) 他一直坐在电脑前，动都没动一下。
Tā yīzhí zuò zài diànnǎo qián, dòng dōu méi dòng yíxià.
그는 줄곧 컴퓨터 앞에 앉아 조금의 미동도 없었다.

(3) 她嫌我做的饭不好吃，尝都不尝一下。
Tā xián wǒ zuò de fàn bù hǎo chī, cháng dōu bù cháng yíxià.
그녀는 한 입도 먹어보지 않고 내가 만든 밥이 맛이 없다고 의심했다.

유사표현 连… 都不…(…조차 하지 않다)　连吃都不吃一口。(한 입도 먹지 않다)

024 >>>> 동사 + (个)什么劲儿

어떤 일을 할 가치가 없거나 할 필요가 없음을 표시한다. 이때 "个"는 생략할 수도 있다.

예문 (1) 这两个队实力相差太大了，还比(个)什么劲儿。
Zhè liǎng ge duì shílì xiāngchà tài dàle, hái bǐ (gè) shénme jìnr.
이 두 팀의 실력 차이가 엄청 나는데, 비교할 필요가 뭐 있겠느냐.

(2) 这部电影我看过好几遍了，还看什么劲儿。
Zhè bù diànyǐng wǒ kànguò hǎojǐ biànle, hái kàn shénme jìnr.
나는 이 영화를 몇 번이나 봤는데 보긴 뭘 또 보니.

(3) 大家都走了，还喝个什么劲儿，咱们也走吧。
Dàjiā dōu zǒu le, hái hē ge shénme jìnr, zánmen yě zǒu ba.
다들 갔는데, 마시긴 뭘 더 마셔, 우리도 가자.

유사표현 没必要…(…할 필요가 없다)　没必要再喝酒(더 마실 필요 없다)

025 >>>> A归A,…

양보를 표시하며 "…일뿐"의 의미로, 후반구문에 전환의 의미가 있다. 이때 A는 동사나 명사가 모두 올 수 있다. 또 "A归A, B归B"의 형식으로 쓸 수도 있다.

예문 (1) 批评归批坪, 你们的成绩应该肯定的。
Pīpíng guī pī píng, nǐmen de chéngjī yīnggāi kěndìng de.
비난은 그냥 비난 일뿐, 너희의 성적은 응당 괜찮을 것이다.

(2) 两口子吵归吵, 但在这件事上意见十分一致。
Liǎng kǒuzi chǎo guī chǎo, dàn zài zhè jiàn shì shàng yìjiàn shífēn yízhì.
부부는 말다툼도 하지만, 이 일에 대한 의견은 완전히 일치한다.

(3) 打归打, 骂归骂, 哪个父母不疼自己的孩子?
Dǎ guī dǎ, mà guī mà, nǎge fùmǔ bù téng zìjǐ de háizi?
때리고, 욕하기도 하지만, 어느 부모가 자기 자식을 예뻐하지 않겠는가?

유사표현 尽管…, 但是…(…일지라도 그러나…)
尽管以后变化难测, 但是大体的计算还是可能的。
이후의 변화는 예측하기 어렵지만 그러나 대체적 계산은 여전히 가능하다.

026 >>>> 동사 + 还是要 + 동사(的)

"반드시 …해야 한다"라는 의미로 어떤 일을 당연히 해야 하거나 반드시 해야만 함을 표시한다. 이때 "的"는 생략할 수도 있다.

예문 (1) 他家去还是要去, 而且要光明正大地去。
Tā jiā qù háishì yào qù, érqiě yào guāngmíng zhèngdà di qù.
그는 반드시 집에 가야하고, 또한 광명정대하게 가야만 한다.

(2) 玩儿还是要玩儿, 就是别忘了时间。
Wánr háishì yào wánr, jiùshì bié wàng le shíjiān.
노는 건 놀아야 하지만, 시간을 잊지는 말라.

(3) 这么说, 他什么事儿都没有了?
Zhème shuō, tā shénme shìr dōu méi yǒu le?
그렇다면, 그는 아무 일도 없는거지?

不，处分还是要处分(的)，但要注意方式。
Bù, chǔfèn háishì yào chǔfèn(de), dàn yào zhùyì fāngshì.
아니야, 벌은 벌대로 받아야지만, 방식에 주의해야만 한다.

[유사표현] 还是应该…(여전히 …하지만)　还是要…(…해야만 한다)
我们还是应该尽到自己的责任。우리는 여전히 자신의 책임을 다 해야만 한다.

027 명사 + 还是要 + 동사(的)

어떤 일을 당연히 해야 하거나 반드시 해야만 함을 표시한다. 이때 앞의 명사는 뒤의 동사의 동작이 미치는 대상이다. 또 동사 뒤의 "的"자는 생략할 수도 있다.

[예문] (1) 生气归生气，饭还是要吃的嘛。
Shēngqì guī shēngqì, fàn háishi yào chī de ma.
화난 건 화난 거고, 밥은 먹어야 하지 않겠니.

(2) 即使再忙，"新闻联播"我还是要看的。
Jíshǐ zài máng, "xīnwén liánbō" wǒ háishi yào kàn de.
설령 아무리 바쁘다 해도, "CCTV뉴스"는 꼭 봐야 한다.

(3) 学校还是要上(的)，不上学怎么行？
Xuéxiào háishi yào shàng (de), bú shàngxué zěnme xíng?
학교는 다녀야지, 학교를 안다니면 어떻게 하니?

[유사표현] 还是应该…(여전히 …하지만)　还是要…(…해야만 한다)

028 A就A吧(형용사 + 就A点儿吧)

상관없음 혹은 어쩔 수 없음을 표시한다. 이때 A는 동사나 동사구 혹은 명사, 대명사, 형용사가 올 수도 있다. 그리고 앞의 A가 형용사일 때 뒤의 A는 "A点儿"로도 쓸 수 있고 문미의 "吧"는 생략할 수도 있다.

[예문] (1) 妈妈，我想去同学家玩儿。
Māma, wǒ xiǎng qù tóngxué jiā wánr.
엄마, 저 친구네 집에 놀러 가고 싶어요.

去就去吧，早点儿回来。
Qùjiù qù ba, zǎo diǎnr huílái.

갈려면 가렴, 일찍 와야 한다.

(2) 鞋子有一点儿大。
Xiézi yǒu yìdiǎnr dà.
신발이 조금 크네요.

大就大点儿吧, 小孩儿脚长得快。
Dà jiù dà diǎnr ba, xiǎo háir jiǎo zhǎng de kuài.
크면 큰대로 신겨야죠, 아이들 발은 빨리 크잖아요.

(3) 小旅店就小旅店, 赶紧休息吧。
Xiǎo lǚdiàn jiù xiǎo lǚdiàn, gǎnjǐn xiūxi ba.
작은 여관이면 작은 대로 빨리 좀 쉬자.

[유사표현] …也行(…해도 좋다)
不用钢笔, 用铅笔写也行。 만년필이 없으면 연필로 써도 된다.

029 A就A吧, …干吗

다른 행위를 할 필요가 없음을 표시한다. 때로는 불만의 어감을 포함한다. 이때 A는 모종의 행위를 표시한다. 앞의 A는 동사, 동사구로 뒤의 A의 다른 행위를 동반한다.

[예문] (1) 你来就来吧, 带这么多东西干吗?
Nǐ lái jiù lái ba, dài zhème duō dōngxi gànma?
너 오면 오는거지, 이렇게 많은 물건을 뭐 하러 가져왔니?

(2) 你说就说吧, 干吗在我面前走来走去的?
Nǐ shuō jiù shuō ba, gànma zài wǒ miànqián zǒu lái zǒu qù de?
너 할 말 있으면 하지, 왜 내 앞에서 자꾸 얼쩡거리냐?

(3) 他写作业就写作业吧, 干吗还听音乐呀?
Tā xiě zuòyè jiù xiě zuòyè ba, gànma hái tīng yīnyuè ya?
그는 숙제 할 거면 숙제를 하지, 뭐 하러 음악을 듣는 것인가?

[유사표현] 既然…(이미 이렇게 된 바에야)
既然知道做错了, 就应当赶快纠正。
이미 잘못 한 것을 안다면 당연히 즉시 수정해야 한다.

030 总…吧

"하여간에"란 의미로 희망과 추측을 표시한다. 삽입성분은 희망 혹은 추측하는 상황을 표현한다.

예문 (1) 我大老远地来找他，他总得见我一面吧。
Wǒ dà lǎo yuǎn dì lái zhǎo tā, tā zǒngděi jiàn wǒ yímiàn ba.
이 늙은이가 그를 만나기 위해 매우 먼 길을 왔으니, 그가 어쨌든 날 한 번 보겠지.

(2) 他病成这个样子，你总不能见死不救吧。
Tā bìng chéng zhège yàngzi, nǐ zǒng bùnéng jiàn sǐ bú jiù ba.
그가 병이나 이지경인데 너는 그가 죽는걸 보고 구하지 않을 수 없을 거다.

(3) 我是来晚了，可他总不至于不让我进门吧。
Wǒ shì lái wǎnle, kě tā zǒng bú zhìyú bú ràng wǒ jìnmén ba.
내가 늦게 왔지만, 그는 하여간 나를 들어가게 해줄 거다.

031 A就A在…

한 측면을 강조하여 상황 발생의 원인 혹은 근원을 표시한다. 이때 A는 동사 혹은 형용사가 온다.

예문 (1) 我觉得他错就错在不懂经营。
Wǒ juédé tā cuò jiù cuò zài bù dǒng jīngyíng.
내 생각에는 그가 잘못한 것은 경영을 모른다는 것이다.

(2) 这篇文章好就好在真实，反映出了乡下的生活。
Zhè piān wénzhāng hǎo jiù hǎo zài zhēnshí, fǎnyìng chūle xiāngxià de shēng huó.
이 글의 좋은 점은 진실되어 실제 시골생활을 반영해 냈다는 것이다.

(3) 别提这件事了，当初我栽就栽在这上头了。
Bié tí zhè jiàn shìle, dāngchū wǒ zāi jiù zāi zài zhè shàngtoule.
이 일은 얘기하지도 마라, 애초에 내가 망한 것은 바로 이것에 말려든 것이다.

유사표현 就是因为…

032 >>>> A就B, 不A就C

어떤 사물에 대해 정과 반 두 측면에서 설명을 한다. 대비적 의미가 강하다. 이때 "A"와 "不A"는 의미가 상반되거나 상대적인 두 가지 상황이고, "B"와 "C"는 그 결과 발생한 또 다른 결과다. "就"자는 때로는 생략할 수도 있다.

예문 (1) 我们的原则就是, 干得了的(就)留, 干不了的(就)走。
Wǒmen de yuánzé jiùshì, gàn de liǎo de (jiù) liú, gàn bu liǎo de (jiù) zǒu.
우리의 원칙은, 할 수 있는 사람은 남고, 못하는 사람은 보내는 것이다.

(2) 你觉得能帮就帮, 不能帮就算了。
Nǐ juédé néng bāng jiù bāng, bùnéng bāng jiù suàn le.
네가 생각에 도울 수 있으면 돕고, 도울 수 없으면 됐다.

(3) 他的意见, 对的我接受, 不对的解释清楚, 总之, 要有个交代。
Tā de yìjiàn, duì de wǒ jiēshòu, búduì de jiěshì qīngchu, zǒngzhī, yào yǒu gè jiāodài.
그의 의견에서 맞는 건 받아드리고, 틀린 것은 분명히 설명해야만 최종적으로 해명할 수 있다.

유사표현 如果…, 就…, 如果不…, 就…

033 >>>> A就不叫(是)A了

앞에서 제기한 어떤 일이 응당 발생하지 않거나 발생해서는 안 됨을 표시한다. 이때 A는 명칭이나 호칭을 주로 사용한다. 그리고 "叫"는 "是", "称之为" 등의 단어와 바꾸어 사용할 수 있다.

예문 (1) 要是那样, 我李小龙就不叫(是)李小龙了。
Yàoshi nàyàng, wǒ Lǐ Xiǎolóng jiù bú jiào(shì) Lǐ Xiǎolóng le.
만약 그렇다면, 나 이소룡은 이소룡이 아니에요.

(2) 军队不保卫国家, 那军队就不称之为军队了。
Jūnduì bù bǎowèi guójiā, nà jūnduì jiù chēngzhī wéi jūnduìle.
군대가 국가를 보위하지 않으면, 그 군대는 군대하고 할 수 없다.

(3) 要用牛肉, 那烤羊肉串儿就不叫烤羊肉串儿了。
Yào yòng niúròu, nà kǎo yángròu chuànr jiù bú jiào kǎo yángròu chuànr le.

만약 소고기를 사용한다면, 그 양꼬치는 양꼬치라고 할 수 없다.

[유사표현] A就不是A

034 >>>> A就是A

어떤 사실을 강조한다. 이때 A는 동사 혹은 동사구가 온다. 부정형식은 "不(没)A 就是不(没)A"이다.

예문 (1) 去了就是去了, 怎么不敢承认呢?
Qù le jiùshì qù le, zěnme bù gǎn chéngrèn ne?
가면 가는 거지, 뭐 인정하지 않을 것이 있느냐?

(2) 我说吃饱了就是吃饱了, 真没跟你客气。
Wǒ shuō chī bǎole jiùshì chī bǎole, zhēn méi gēn nǐ kèqi.
내가 배부르다고 한건 진짜 배부른 거지, 너에게 예의 차리는 게 아니다.

(3) 不会做就是不会做, 有什么不好意思的?
Bú huì zuò jiùshì bú huì zuò, yǒu shéme bù hǎo yìsi de?
못하면 못 하는 거지, 미안해할게 뭐 있어?

035 >>>> A就是一B

상황을 묻지도 않고 모종의 행동을 취함을 표시한다. 이때 A는 방향보어를 동반한 동사구가 오고, B는 명사(명량사)로 통상 어떤 동작을 표시한다.

예문 (1) 小王上去就是一巴掌, 算是让他冷静下来了。
Xiǎo Wáng shàngqù jiùshì yī bāzhang, suànshì ràng tā lěngjìng xiàláile.
샤오왕이 나서서 뺨을 한 대 때려서 그를 진정시켰다고 할 수 있다.

(2) 我说把钥匙忘在家里了, 他过去就是一脚, 把门踹开了。
Wǒ shuō bǎ yàoshi wàng zài jiālǐle, tā guòqù jiùshì yī jiǎo, bǎmén chuài kāile.
내가 열쇠를 집에다 놓고 왔다고 했는데, 그는 그냥 바로 가서 문을 발로 차서 열었다.

(3) 他看我吓得直哭, 过来就是一声吼, 把狗赶跑了。
Tā kàn wǒ xià de zhí kū, guòlái jiùshì yīshēng hǒu, bǎ gǒu gǎn pǎole.
그는 내가 놀라 계속 우는 것을 보고 와서 소리를 질러 개를 쫓아버렸다.

036 A来A去, 都是…

최후의 목적이나, 원인, 결과를 표시한다. 이때 A는 동사다.

(1) 说来说去，都是我的错。
　　Shuō lái shuō qù, dōu shì wǒ de cuò.
　　계속 말해봐야 모두 내 잘못이야.

(2) 我们忙来忙去，都是为了你。
　　Wǒmen máng lái máng qù, dōu shì wèi le nǐ.
　　우리가 바쁜 것은 모두 너를 위해서이다.

(3) 考虑来考虑去，都是得请他帮忙。
　　Kǎolǜ lái kǎolǜ qù, dōu shì děi qǐng tā bāngmáng.
　　여러모로 생각해보면 결국 그의 도움을 청해야만 한다.

유사표현 最终…(최종…)　总之…(결론적으로 …)

037 A来A去, 就是…

최종적 목적 혹은 결과가 하나임을 강조한다. 때로는 경시의 의미도 있다. 이때 A는 동사다.

(1) 说来说去，你就是不想让我去。
　　Shuō lái shuō qù, nǐ jiùshì bù xiǎng ràng wǒ qù.
　　계속 말해봐야, 너는 그냥 나를 보내고 싶어 하지 않는다.

(2) 你们几个争来争去，不就是为了父亲的家产吗?
　　Nǐmen jǐ ge zhēng lái zhēng qù, bú jiùshì wèile fùqīn de jiāchǎn ma?
　　너희들끼리 계속 싸우는 건 아버지의 재산 때문이 아니냐?

(3) 别算了，算来算去，不就是几十块钱吗?
　　Bié suànle, suàn lái suàn qù, bú jiùshì jǐ shí kuài qián ma?
　　계산 하지마라. 계산해봐야 몇 십원 밖에 안 되지 않니??

유사표현 最终…(최종…) 总之…(요컨대…)
　　　　　地名我已经忘记了，总之是北方的一个小城镇。
　　　　　지명은 내가 이미 잊었고 하여간 북방의 작은 마을이다.

038 〉〉〉〉 A了B, B了A

두 가지 동작이 반복 출현하고 교체 진행됨을 표시한다. 이때 A와 B는 모두 동사로 두 가지 상관된 동작을 표시한다. 또 "A了又B, B了又A"로도 말할 수도 있다.

예문

(1) 他整天吃了睡，睡了吃，什么都不干。
　　Tā zhěngtiān chīle shuì, shuìle chī, shénme dōu bú gàn.
　　그는 하루 종일 먹고 자고, 자고 먹고, 아무것도 하지 않는다.

(2) 你这样放了收，收了放，不嫌麻烦吗?
　　Nǐ zhèyàng fàngle shōu, shōule fàng, bù xián máfan ma?
　　너 이렇게 어지르고 치우고, 치우고 어지르면 귀찮지 않니?

(3) 他拆了(又)装，装了(又)拆，终于把电脑修好了。
　　Tā chāile (yòu) zhuāng, zhuāngle (yòu) chāi, zhōngyú bǎ diànnǎo xiūhǎole.
　　그는 뜯었다 조립했다, 조립했다 뜯었다 하며 결국 컴퓨터를 고쳤다.

039 〉〉〉〉 A了不是

자신이 예견하던 모종의 상황이 확실히 출현했음을 표시한다. 때로는 자신의 예상이 맞아 만족스런 어감을 포함하기도 한다. 이때 A는 동사 혹은 동사구다.

예문

(1) 你挨骂了不是? 让你不听我的。
　　Nǐ ái mà le búshì? Ràng nǐ bù tīng wǒ de.
　　너 욕먹었지, 왜 내 말을 듣지 않니?

(2) 怎么样? 好了不是? 我说这药很灵的嘛。
　　Zěnme yàng? Hǎo le búshì? Wǒ shuō zhè yào hěn líng de ma.
　　어때? 좋지? 내가 이 약 효과 좋다고 했잖아.

(3) 又错了不是? 你还不信。
　　Yòu cuò le búshì? Nǐ hái bú xìn.
　　또 틀렸지? 너 아직도 믿지 않더니.

[유사표현] 동사 + 了吧

040 〉〉〉〉 A (了) 就A (了) 呗

별로 대단치 않음 혹은 그다지 큰 일이 아님을 표시한다. 괜찮다는 어감을 포함한다. 이때 A는 명사, 수사, 동사 혹은 동사구가 온다. 그리고 "了"자는 생략할 수도 있다.

[예문] (1) 第一就第一(了), 有什么好吹的。
Dì yī jiù dì yī (le), yǒu shéme hǎo chuī de.
일등이면 일등이지, 자랑할게 뭐 있니?

(2) 去了就去了呗, 后悔什么?
Qùle jiù qùle bei, hòuhuǐ shénme?
가면 간 거지, 뭘 후회해?

(3) 这次比赛输就输了呗, 下次我们赢回来就是了。
Zhè cì bǐsài shū jiù shūle bei, xià cì wǒmen yíng huílái jiùshìle.
이번 경기에서 지면 진거지, 다음에 우리가 이기면 되잖아.

[유사표현] 没什么(괜찮다) 没关系(괜찮다) 没什么大不了的(별로 큰 일이 아니다)

041 〉〉〉〉 A了去了

정도가 매우 높음을 표시한다. A는 주로 "大", "多"등의 단음절 형용사가 온다.

[예문] (1) 他过去穷, 现在钱可多了去了。
Tā guòqù qióng, xiànzài qián kě duōle qùle.
그는 과거에 가난했으나, 지금은 돈이 넘친다.

(2) 她家的果园可是比你的大了去了。
Tā jiā de guǒyuán kěshì bǐ nǐ de dàle qùle.
그녀 집의 과수원은 너의 것보다 엄청나게 크다.

(3) 过去我吃的那个苦啊, 比你多了去了。
Guòqù wǒ chī de nà ge kǔ a, bǐ nǐ duōle qùle.
과거에 내가 얼마나 고생했는지, 너 보다 훨씬 많다.

[유사표현] 特别…(특별히) 非常…(매우) …得多(…많이)

042 A了又A

모종의 행위가 반복되거나 계속 진행됨을 표시한다. 이때 A는 동사다. 그리고 "A 了又A, B了又B"로도 쓴다. 이때 A와 B는 모두 동사다.

예문 (1) 那条毛裤我补了又补，一直穿到大学毕业。
Nà tiáo máokù wǒ bǔle yòu bǔ, yīzhí chuān dào dàxué bìyè.
그 털 바지는 내가 계속 기워서, 대학 졸업할 때 까지 계속 입었다.

(2) 一路上，妈妈嘱咐了又嘱咐，直到把我送上车。
Yí lùshàng, māma zhǔ fùle yòu zhǔfù, zhídào bǎ wǒ sòng shàng chē.
가는 길에 엄마는 나를 차에 태울 때까지 계속해서 타일렀다.

(3) 这些碗我是挑了又挑，选了又选才买回来的。
Zhèxiē wǎn wǒ shì tiāole yòu tiāo, xuǎnle yòu xuǎn cái mǎi huílái de.
이 주발들은 내가 고르고 골라서 사온 거다.

유사표현 反反夏夏(반복적으로)　多次(여러 번)

043 知道的… 不知道的…

모종의 상황이 타인에게 오해를 불러올 수 있음을 표시한다. 이때 삽입성분은 동사구다.

예문 (1) 知道的以为你是想活动身体，不知道的还以为我对你不好呢。
Zhīdào de yǐwéi nǐ shì xiǎng huódòng shēntǐ, bù zhīdào de hái yǐwéi wǒ duì nǐ bù hǎo ne.
아는 사람은 당신이 소일거리를 한다고 생각하겠지만, 모르는 사람은 제가 당신에게 잘 못하는 것 같이 보일 거예요.

(2) 瞧你的动作，知道的以为你是在跳舞，不知道的还以为你疯了呢。
Qiáo nǐ de dòngzuò, zhīdào de yǐwéi nǐ shì zài tiàowǔ, bù zhīdào de hái yǐwéi nǐ fēng le ne.
네 동작을 봐라, 아는 사람은 네가 춤을 춘다고 하겠지만, 모르는 사람은 네가 미쳤다고 생각한다.

(3) 知道的说你是被冤枉的，不知道的说你真的犯了错误。
Zhīdào de shuō nǐ shì bèi yuānwang de, bù zhīdào de shuō nǐ zhēn de fànle cuòwù.
아는 사람은 네가 누명을 썼다고 말하겠지만, 모르는 사람은 네가 진짜 잘못한 거로 말한다.

044 〉〉〉〉 A了又怎样

별 작용을 하지 못하거나 무능력함을 표시한다. 이때 A는 동사 혹은 동사구가 온다.

예문 (1) 吃了药又怎样？还是不管用啊！
Chīle yào yòu zěnyàng? Háishi bù guǎn yòng a!
약을 먹었으면 뭐해? 여전히 쓸모가 없어!

(2) 说了又怎样？他又做不了主。
Shuōle yòu zěn yàng? Tā yòu zuò bu liǎo zhǔ.
말하면 뭐 어때? 그는 마음대로 하지 못하는걸.

(3) 她再漂亮又怎样？那么凶巴巴的。
Tā zài piàoliang yòu zěnyàng? Nàme xiōngbābā de.
그 여자가 아무리 예쁘면 뭘 해? 그렇게 흉악스러운데

045 〉〉〉〉 A没A, B没B

"아무 것도 없음" 혹은 "아무 조건도 갖추지 못함"을 표시한다. A와 B는 명사 혹은 동사 모두 가능하다. 앞의 "A, A没有, B, B没有"와 의미가 같다.

예문 (1) 当初我们学校桌子没桌子，黑板没黑板，现在什么都有了。
Dāngchū wǒmen xuéxiào zhuōzi méi zhuōzi, hēibǎn méi hēibǎn, xiànzài shénme dōu yǒu le.
처음에 우리 학교는 책상다운 책상, 칠판다운 칠판도 없었는데 지금은 뭐든 다 있어.

(2) 这孩子爹没爹，妈没妈，多可怜啊！
Zhè háizi diē méi diē, mā méi mā, duō kě lián a!
이 아이는 아버지도 없고, 어머니도 없는데, 얼마나 불쌍하니!

(3) 我们吃没吃，穿没穿，条件非常艰苦。
Wǒmen chī, chī méiyǒu, chuān, chuān méiyǒu, tiáojiàn fēicháng jiānkǔ.
우리는 먹을 것도 없었고, 입을 것도 하나도 없어서 조건이 매우 열악했다.

유사표현 什么都没有(아무 것도 없음)
今天什么都没有吃。오늘 아무것도 먹지 못했다.

046 〉〉〉〉 A什么B啊

할 필요가 없음 혹은 어떤 일을 할 조건이 안 된다는 뜻이다. 이때 A는 타동사, B는 A가 미치는 대상이 오며, AB는 동빈구조를 이룬다.

예문 (1) 我现在睡不够，还逛什么街呀。
Wǒ xiànzài shuì búgòu, hái guàng shénme jiē ya.
나는 지금 잠도 충분히 자지 못했는데 무슨 거리구경이야?

(2) 现在又不是过年，放什么炮啊！
Xiànzài yòu búshì guònián, fàng shénme pào a!
지금 새해도 아닌데, 무슨 폭죽을 터트리니!

(3) 那时候逃命要紧，还管什么东西呀。
Nà shíhou táomìng yàojǐn, hái guǎn shénme dōngxi ya.
그 때는 도망치기도 바빴는데, 무슨 물건을 챙겼겠니.

유사표현 …顾不上(…조차 돌보지 못함)
妈妈从早到晚忙碌了一天，连饭也顾不上吃。
엄마는 하루종일 바빠서 밥조차 먹지 못했다..

047 〉〉〉〉 A 什么(呀)

어떤 행위를 제지함을 나타낸다. 혹은 원인을 묻거나 그렇게 생각하지 않음을 표시하기도 한다. 이때 A는 타동사로 형용사나 형용사 구문이 올 수도 있다.

예문 (1) 吵什么，没看见我在睡觉？
Chǎo shénme, méi kàn jiàn wǒ zài shuìjiào?
왜 이렇게 시끄러워, 내가 자고 있는거 안 보여?

(2) 你们笑什么呀，难道我又说错了？
Nǐmen xiào shénme ya, nándào wǒ yòu shuō cuòle?
너희 뭘 웃니, 설마 내가 또 잘못 말했니?

(3) 他的病好多了。
Tā de bìng hǎoduōle.
그의 병이 많이 호전되었어.

好什么呀，说话都有气无力的。
Hǎo shénme ya, shuōhuà dōu yǒuqìwúlì de.
좋아지긴, 말할 기력도 없는걸.

[유사표현] 不要… 别… 哪儿啊

048 >>>> A是A,…

먼저 어떤 사실을 긍정하고 긍정적인 면을 주로 말하면서, 후반 구문에서 전환을 한다. 앞의 A는 형용사, 동사 혹은 명사가 올 수 있고 뒤의 A 앞에는 정도부사나 능원동사 형용사가 올 수 있다. 그리고 후반 구문은 전환관계를 표시하는 "就是", "可(是)", "但(是)", "只(是)" 등이 온다.

[예문]

(1) 咱哥们儿是哥们儿，这种事我可不能帮你。
Zán gē menr shì gē menr, zhè zhǒng shì wǒ kě bùnéng bāng nǐ.
우리가 형제 같은 사이긴 하지만, 이런 일은 도와 줄 수 없다.

(2) 小王这个人好是好，就是有点儿小气。
Xiǎo Wáng zhè ge rén hǎo shì hǎo, jiùshì yǒu diǎnr xiǎoqì.
샤오왕은 사람이 좋긴 좋지만, 조금 야박하다.

(3) 这个生意做是能做，只是现在不是时候。
Zhè ge shēngyì zuò shì néng zuò, zhǐshì xiànzài búshì shíhou.
이 비즈니스를 할 수 있긴 하지만, 단지 지금은 때가 아니다.

[유사표현] 虽然…，但是…(비록 …일지라도, 그러나) ; 尽管…，但是…

049 >>>> A是A, B是B

A와 B 둘을 함께 논할 수 없음을 강조한다. 이때 A와B는 대비가 되는 단어가 온다.

[예문]

(1) 现在是现在，过去是过去，你别现在和几十年前比。
Xiànzài shì xiànzài, guòqù shì guòqù, nǐ bié xiànzài hé jǐ shí nián qián bǐ.
지금은 지금이고, 과거는 과거일 뿐이니, 너는 지금과 수십 년 전을 비교하지 말라.

(2) 王力是王力，你是你，你们俩的情况不一样。
Wáng Lì shì Wáng Lì, nǐ shì nǐ, nǐmen liǎ de qíngkuàng bù yí yàng.

왕리는 왕리고, 너는 너다. 너희 둘의 상황은 다르다.

(3) 他是他，我是我，这事与我可没任何关系。
Tā shì tā, wǒ shì wǒ, zhè shì yǔ wǒ kě méi rènhé guānxi.
그 사람은 그 사람이고, 나는 나다. 이 일은 나와 어떤 관계도 없다.

[유사표현] 是两码事儿(두 가지 다른 사건이다)　不是一回事儿(같은 일이 아니다)

050 >>>> A是怎么搞的

상황이 발생한 원인을 묻는다. 불만이나 원망 분노의 어감을 포함하고 있다. 이때 A는 "你", "这" 등의 인칭대명사나 인명이 온다.

[예문] (1) 你是怎么搞的? 把孩子吓成这个样子。
Nǐ shì zěnme gǎo de? Bǎ háizi xià chéng zhège yàngzi.
너 어떻게 했길래 아이를 이렇게까지 놀라게 만들었니?

(2) 没想到结果会是这样，这是怎么搞的?
Méi xiǎngdào jiéguǒ huì shì zhèyàng, zhè shì zěnme gǎo de?
결과가 이렇게 될 줄 생각하지 못했는데, 이게 어떻게 된 일이냐?

(3) 小李是怎么搞的! 不是说好在这里等我们吗?
Xiǎo Lǐ shì zěnme gǎo de! Bú shì shuō hǎo zài zhèlǐ děng wǒmen ma?
샤오리는 어떻게 된 거야! 여기서 우리를 기다린다고 하지 않았냐?

[유사표현] 这是怎么回事儿?(이게 어찌 된 일인가?)

051 >>>> A 也A不…, B也B不…

아무 것도 할 수 없음 혹은 잘 하지 못함을 표시한다. 이때 A와 B는 모두 동사로 의미상 연관이 있다. 또 후반부에 형용사 동사 혹은 동사구가 올 수도 있다.

[예문] (1) 为了我，我妈吃也吃不香，睡也睡不着。
Wèi le wǒ, wǒ mā chī yě chī bu xiāng, shuì yě shuì bu zháo.
나 때문에 어머니는 밥도 못 드시고, 잠도 못 주무신다.

(2) 到时候，你干也干不动，走也走不了，你不靠他靠谁?
Dào shíhou, nǐ gàn yě gàn bu dòng, zǒu yě zǒu bu liǎo, nǐ bú kào tā kào shéi?

때가 되면, 넌 아무것도 할 수 없고, 떠나지도 못할 텐데, 그에게 의지하지 않으면 누구를 의지할 것이냐?

(3) 我这条腿一疼起来, 坐也坐不下去, 站也站不起来, 真要命啊!
Wǒ zhè tiáo tuǐ yī téng qǐlái, zuò yě zuò bu xià qù, zhàn yě zhàn bu qǐlái, zhēn yàomìng a!
내 다리가 아프기 시작하면 앉을 수도, 설 수 도 없으니 진짜 고통스럽다.

[유사표현] 什么都不会…(아무것도 …할 수 없다)
凡是不爱自己的人, 什么都不会爱。
자신을 사랑하지 않는 사람은 아무것도 사랑할 수 없다.

052 >>>> 真有你的

"너는 정말 대단하다"라는 의미로 상대방의 일 하는 능력과 방법이 담대하여 감탄함을 표시한다. 그러나 때로 반어법으로 사용하여 풍자의 의미를 표현하기도 한다.

[예문] (1) 真有你的! 看来车可以推出来了。
Zhēnyǒu nǐde! Kàn lái chē kěyǐ tuī chūláile.
대단하다! 보아하니 차를 밀어낼 수 있겠다.

(2) 真有你的, 那么难办的事都给解决了。
Zhēn yǒu nǐde, nàme nánbàn de shì dōu gěi jiějué le
정말 대단하다. 그렇게 하기 힘든 일을 다 해결하다니.

(3) 真有你的, 你又搞丢了我的手机了。(반어법)
Zhēn yǒu nǐde, nǐ yòu gǎo diūle wǒ de shǒujīle
정말 대단해! 너 또 내 핸드폰을 잃어버렸네.

[유사표현] 真有办法 你真行(정말 대단하네)
重要的是, 夸孩子不要说, 你真棒, 你真行。
중요한 것은, 자녀를 칭찬하며 너 최고야 정말 대단해라고 하지 말라.

053 >>>> A也A不得, B也B不得

"어떻게 해도 적합하지 않음"을 표시한다. 이때 A와 B는 모두 동사로 의미상 관련이 있다.

예문 (1) 现在的孩子真不好管，说也说不得，打也打不得。
　　　 Xiànzài de háizi zhēn bù hǎo guǎn, shuō yě shuō bu de, dǎ yě dǎ bu de.
　　　 요즘 애들은 진짜 관리하기 힘들어, 말해도 안 되고, 때려도 되지 않는다.

(2) 有一个人你打也打不得，杀也杀不得。
　　 Yǒu yí gè rén nǐ dǎ yě dǎ bu de , shā yě shā bu de.
　　 그 사람을 너는 때리지도 죽일 수도 없다.

(3) 这事搞得我哭也哭不得，笑也笑不得，你说该怎么办?
　　 Zhè shì gǎode wǒ kū yě kū bu de, xiào yě xiào bu de, nǐ shuō gāi zěnme bàn.
　　 이 일이 나를 울지도 웃지도 못하게 했다. 어떻게 해야 할지 말해봐라?

유사표현 左右为难(진퇴양난)　　不知如何是好(어찌 해야 좋을지 모르겠다)

054 〉〉〉〉 A也A了, B也B了

해야 할 일을 모두 다 했음을 표시한다. 이때 A와 B는 모두 동사로 의미상 서로 연관이 있고 후반 구문은 전환이나 인과관계를 표시한다.

예문 (1) 我说也说了，劝也劝了，可他又去网吧了。
　　　 Wǒ shuō yě shuōle, quàn yě quànle, kě tā yòu qù wǎngbāle.
　　　 나는 말도 하고, 충고도 했지만 그는 또 PC방에 가버렸다.

(2) 这些词语我读也读了，写也写了，就是记不住。
　　 Zhèxiē cíyǔ wǒ dú yě dúle, xiě yě xiěle, jiùshì jì bú zhù.
　　 이 단어들을 읽기도하고 써보기도 했으나 외워지지 않는다.

(3) 你们吃也吃了，喝也喝了，现在该干活儿了吧。
　　 Nǐmen chī yě chīle, hē yě hēle, xiànzài gāi gàn huór le ba.
　　 너희들 다 먹고 마셨으니, 이제 일해야지.

유사표현 虽然…　尽管…　既然…

055 〉〉〉〉 A 也罢(也好), B也罢(也好)

두 가지 사건이나 상황이 어떻든 간에 나중의 결과에 영향을 주지 않음을 표시한다. 이때 A와 B는 두 가지 사건이나 사물로 의미상 연관된 단어나 구문이 온다. 그리고 전반구문은 항상 "不管", "无论" 등의 접속사를 사용하고 후반 구문은 항상 "都", "总", "反正", "也" 등의 단어가 온다. 또 "也罢"는 "也好"와 교환할 수 있지만 "也罢"가 "也好"보다 어감이 강하다.

예문 (1) 那里穷也罢, 富也罢, 我一定要回去。
Nàli qióng yěbà, fù yěbà, wǒ yídìng yào huíqù.
그곳이 가난하던 부자이던 간에 나는 반드시 돌아갈 것이다.

(2) 不管他工人也好, 农民也好, 我认他这个弟弟。
Bùguǎn tā gōngrén yě hǎo, nóngmín yě hǎo, wǒ rèn tā zhège dìdi.
그가 노동자이든 농민이든 나는 그가 나의 동생임을 인정한다.

(3) 不管他的话真的也罢, 假的也罢, 先去现场看看再说。
Bùguǎn tā dehuà zhēn de yěbà, jiǎ de yěbà, xiān qù xiànchǎng kàn kàn zàishuō.
그의 말이 진짜든 가짜든 우선 현장에 가본 후에 다시 이야기하자.

유사표현 无论…, 都…(…막론하고 모두 다)
无论什么人触犯了法律, 都要受到惩处。
누구든지 간에 법률을 위반하면 모두 처벌을 받아야한다.

056 >>>> A也不是, B也不是

모두 적합하지 않아 어찌할 바를 모름을 표시한다. 이때 A와 B는 동사나 동사성 구로 A와 B는 의미상 상대적이다. 의미상 B는 "不A"일 수 있다. 그리고 앞의 "也"는 때로는 생략할 수 있다.

예문 (1) 那天我坐也不是, 站也不是, 一直等到天亮.
Nà tiān wǒ zuò yě búshì, zhàn yě búshì, yīzhí děngdào tiānliàng.
그날 나는 앉지도 못하고 서지도 못한 채 아침을 맞이하였다.

(2) 当时那个场合, 我走也不是, 不走也不是, 幸亏你来了.
Dāngshí nàge chǎnghé, wǒ zǒu yě búshì, bù zǒu yě búshì, xìngkuī nǐ láile.
당시 거기서, 나는 떠나지도 안 떠나지도 못했는데 네가 와서 다행이었다.

(3) 毕竟不是自己的孩子, 说重了不是, 说轻了也不是。
Bìjìng búshì zìjǐ de háizi, shuō zhòng le búshì, shuō qīngle yě búshì.
내 아이가 아니라 심각하게 얘기하기도, 가볍게 얘기하기도 그렇다.

유사표현 左右为难(진퇴양난)   不知如何是好(어쩔 줄 모르다)

057 >>>> A也得A, 不A也得A

무조건 반드시 이렇게 하거나 할 수 밖에 없음을 표시한다. 혹은 강압이나 어쩔 수 없음을 표시한다. A는 동사로 일종의 행위 동작을 표현한다.

예문 (1) 你是大哥, 这个忙你帮也得帮, 不帮也得帮。
Nǐ shì dàgē, zhège máng nǐ bāng yě děi bāng, bù bāng yě děi bāng.
너는 큰형이니 너는 싫든 좋든 꼭 나를 도와야 한다.

(2) 你现在走也得走, 不走也得走, 要不就来不及了。
Nǐ xiànzài zǒu yě děi zǒu, bù zǒu yě děi zǒu, yàobù jiù láibujíle.
너 지금 가고 싶어도 가기 싫어도 무조건 가야한다, 그렇지 않으면 늦는다.

(3) 那儿只有大米, 我吃也得吃, 不吃也得吃。
Nàr zhǐyǒu dàmǐ, wǒ chī yě děi chī, bù chī yě děi chī.
그곳에는 쌀 밖에 없으니 먹기 싫어도 먹어야 한다.

유사표현 必须…(반드시…), 不…不行(…해야만 한다), 非…不可(…하지 않으면 안 된다)

058 >>>> A也太B了

어떤 사람이나 사물에 대한 관점을 표시, 주로 불만의 어기를 포함한다. 이때 A는 인칭대명사 혹은 구로 사람과 사건을 표시하고 B는 평가 성질의 단어나 대명사 "那个"가 온다. 그리고 어감이 부드러운 경우 문미에 항상 "吧"자가 온다.

예문 (1) 你这么做也太不像话了。
Nǐ zhème zuò yě tài bú xiàng huà le.
네가 그렇게 하는 건 정말 말도 안 된다.

(2) 对这件事你也太疏忽大意了。
Duì zhè jiàn shì nǐ yě tài shūhu dàyìle
이 일에 대해 너는 너무 부주의했다.

(3) 你当着大家的面这么说我, 也太那个了吧。
Nǐ dāngzhe dàjiā de miàn zhème shuō wǒ, yě tài nàgele ba.
네가 다른 사람들 앞에서 나에게 뭐라고 하다니, 너무 한 거 아니냐.

유사표현 真… 确实…

059 〉〉〉〉 A也(真)是(的)

어떤 사람의 말이나 행동에 대한 불만을 표시한다. 이때 가벼운 책망의 어감이 있다. A는 주로 사람을 표시한다. 그리고 "也是的", "也真是", 혹은 "也是"로도 쓸 수 있다.

예문 (1) 这最后时刻还上来背黑锅，也真是难为了他。
Zhè zuìhòu shíkè hái shànglái bēi hēiguō, yě zhēnshi nán wei le tā
최후의 순간 누명을 써서 그는 정말 힘들었다.

(2) 你们也是的，就这么点活儿，三天了还没干完。
Nǐmen yěshì de, jiù zhème diǎn huór, sān tiānle hái méi gàn wán.
너희 말이야, 고작 이정도의 일을 삼일이 지났는데 아직 다 못 했냐.

(3) 你也真是，这样的玩笑也随便开呀!
Nǐ yě zhēnshi, zhèyàng de wánxiào yě suíbiàn kāi ya!
너도 정말, 이런 장난을 함부로 하면 되니!

유사표현 你呀(너 말이야)

060 〉〉〉〉 A(也)真行

어떤 사람이 일을 추진함에 능력이 있고 대담함을 표시한다. 때로는 반의어로 풍자적인 의미를 표현한다. A는 주로 특정인을 대표하며 통상 제이, 제삼인칭이다. "也"는 때로는 생략할 수 있다.

예문 (1) 你也真行，这么多资料你是怎么拿来的?
Nǐ yě zhēnxíng, zhème duō zīliào nǐ shì zěnme ná lái de?
당신도 참, 이렇게 많은 자료들을 어떻게 가져 왔어요?

(2) 你们真行啊，居然在这沙漠中找到了水。
Nǐmen zhēnxíng a, jūrán zài zhè shāmò zhōng zhǎodàole shuǐ.
너희도 정말 대단하다, 의외로 사막에서 물을 찾았다니.

(3) 你也真行，简单的一件事，居然搞成这个样子。
Nǐ yě zhēnxíng, jiǎndānde yí jiàn shì, jūrán gǎo chéng zhège yàngzi.
너도 참 대단하다. 간단한 일을 결국 이렇게까지 벌여놓다니.

유사표현 真有办法(정말 능력이 있다)

061 >>>> A一点儿是一点儿

비록 양은 적지만 어떤 작용이나 효과가 있음을 표시한다. 이때 A는 동사 혹은 동사구가 온다.

예문 (1) 你用这么小的车，什么时候能运完啊？
Nǐ yòng zhème xiǎode chē, shénme shíhou néng yùn wán a?
이렇게 작은 차로 언제 다 옮기니?

运一点儿是一点儿，总会运完的。
Yùn yī diǎnr shì yī diǎnr, zǒng huì yùn wán de.
조금씩 운반하면 결국은 다 운반 할 수 있을 거야.

(2) 还有几天就该考试了，多看一点儿是一点儿。
Hái yǒu jǐ tiān jiù gāi kǎoshìle, duō kàn yī diǎnr shì yī diǎnr.
며칠 뒤면 시험인데 조금 더 봐야지.

(3) 材料虽然很多，但每天看一点儿是一点儿，总有看完的时候。
Cáiliào suīrán hěnduō, dàn měitiān kàn yī diǎnr shì yī diǎnr, zǒng yǒu kàn wán de shíhou.
비록 재료가 매우 많지만, 매일 조금씩 보면 다 보는 날이 있을 것이다.

유사표현 积少成多(티끌모아 태산)　聚少成多(티끌모아 태산)

062 >>>> A以为A是谁

스스로 대단하다고 여기지 말라는 의미로 분노나 경시의 어감을 갖고 있다. A는 일반적으로 이인칭, 삼인칭대명사다.

예문 (1) 你以为你是谁啊？这样跟我说话！
Nǐ yǐwéi nǐ shì shéi a? Zhèyàng gēn wǒ shuōhuà!
너는 네가 뭐라도 되는 줄 아니? 이런 식으로 나에게 말하다니!

(2) 他连这种伙食都嫌差，太不像话了！
Tā lián zhè zhǒng huǒshí dōu xián chà, tài bú xiànghuà le!
그는 이런 식당 밥조차도 별로라고 생각하다니, 정말 너무하다.

他以为他是谁？不吃拉倒！
Tā yǐwéi tā shì shéi? Bù chī lādǎo!

그는 그가 뭐라도 되는 줄 아나보지? 먹기 싫으면 관두라고 해.

(3) 这个地方这么小，怎么住啊?
　　Zhège dìfāng zhème xiǎo, zěnme zhù a?
　　여기는 이렇게 작은데 어떻게 살아?

　　你以为你是谁啊? 还是跟我们一块儿凑合吧。
　　Nǐ yǐwéi nǐ shì shéi a? Hái shì gēn wǒmen yí kuàir còuhé ba.
　　너는 네가 뭐라도 되는 줄 아니? 그냥 우리랑 함께 아쉬운 대로 살자.

유사표현　知道自己是谁吗?

063 A有你(们)B的

누군가 원하는 물건이 있으니 근심할 필요가 없음을 표시한다. 이때 A는 명사성 단어, B는 타동사다. 그리고 "你(们)"은 다른 인칭대명사로 바꿀 수도 있다.

예문 (1) 放心吧，喜酒有你们喝的。
　　Fàngxīn ba, xǐjiǔ yǒu nǐmen hē de.
　　걱정 마, 너희가 마실 축하주는 있어.

(2) 你的任务就是好好儿养病，等你病好了活儿有你干的。
　　Nǐ de rènwù jiùshì hǎohāor yǎngbìng, děng nǐ bìng hǎole huór yǒu nǐ gàn de.
　　너의 임무는 병을 잘 낫게 하는 거야, 병이 다 나은 후에 네가 할 일이 있어.

(3) 好饭好菜有他们吃的，我们早就给他们准备好了。
　　Hǎo fàn hǎo cài yǒu tāmen chī de, wǒmen zǎo jiù gěi tāmen zhǔnbèi hǎole.
　　그들이 먹을 맛있는 음식은 있지, 우린 그들을 위해 이미 준비해 놓았는걸.

유사표현　…有你(们)的 ；…一定会有的(반드시 있다)

064 A(又)不能当饭吃

"A를 해서 먹고살 수 있는가?"라는 의미로, 중요한 작용을 하지 못하거나 혹은 생활문제를 해결할 수 없음을 표시한다. 이때 A는 주로 동사구나 명사가 올수 있다. 의문문에서 주로 사용한다. "A当不了饭吃"의 용법과 비슷하다.

(1) 慰藉的话又不能当饭吃。
　　Wèijiè de huà yòu bùnéng dāng fàn chī.

위로의 말은 해결책이 될 수 없다.

(2) 梦想不能当饭吃。
Mèngxiǎng bùnéng dāng fàn chī.
꿈만으로는 먹고 살 수가 없다.

065 >>>> A又怎么样, 不A又怎么样

어떤 일을 하든 안하던 결과는 다 동일함을 표시한다. 이때 A는 행위 동작을 표시하는 동사나 동사구가 온다.

예문 (1) 我去又怎么样, 不去又怎么样? 难道我去了就能解决问题?
Wǒ qù yòu zěnme yàng, bú qù yòu zěnme yàng? Nándào wǒ qùle jiù néng jiějué wèntí?
가면 뭐 어떻고 안가면 또 어때? 설마 내가 간다고 문제가 해결되겠어?

(2) 当官又怎么样, 不当官又怎么样? 哪能人人都当官?
Dāng guān yòu zěnme yàng, bùdāng guān yòu zěnme yàng? Nǎ néng rén rén dōu dāng guān?
관직을 하면 어떻고, 안하면 또 어때? 어떻게 모든 사람이 다 관직을 할 수 있어?

(3) 干好又怎么样, 干不好又怎么样? 都拿一样的钱。
Gàn hǎo yòu zěnme yàng, gàn bù hǎo yòu zěnme yàng? Dōu ná yíyàng de qián.
잘하면 어떻고, 잘못하면 또 어때요, 어차피 모두 다 같은 돈을 받는데.

유사표현 反正都一样(하여튼 모두 마찬가지다)

066 >>>> A 在 B(的)手上(里)

좋지 않은 결과가 누구(무엇) 때문인지를 표시한다. 이때 A는 동사, B는 인명이나 인칭대명사가 온다. 그리고 "上"과 "里"는 바꾸어 쓸 수 있다.

예문 (1) 我看这笔生意就毁在这家伙手上(里)。
Wǒ kàn zhè bǐ shēngyi jiù huǐ zài zhè jiāhuo shǒu shàng(lǐ).
내가 보기엔 이 비즈니스가 망한 건 이 녀석 때문이다.

(2) 当初我就栽在他手里, 你要多加小心啊!
Dāngchū wǒ jiù zāi zài tā shǒu shàng lǐ, nǐ yào duōjiā xiǎoxīn a!

처음에 나는 그의 손에 당했으니, 너도 좀 조심해라.

(3) 我要对这件事负责，绝不能让这件事坏在我手里。
Wǒ yào duì zhèjiàn shì fùzé, jué bù néng ràng zhè zhèjiàn shì huài zài wǒ shǒuli.
나는 이 일을 책임져야 하고, 절대 이 일을 나 때문에 망하지 않을 것이다.

067 >>>> 동사 + 着玩儿(的)

어떤 일에 대해 매우 성실하거나, 비교적 임의로움 혹은 실질적 내용이 없음을 표시한다. 때로는 겸손한 의미를 포함한다.

예문 (1) 他是跟你闹着玩儿的，你别当真。
Tā shì gēn nǐ nàozhe wánr de, nǐ bié dàngzhēn.
그는 너와 장난치는 거니 진지하게 여기지 마라.

(2) 您这把年纪了，还学弹钢琴?
Nín zhè bǎ niánjìle, hái xué tán gāngqín?
연세가 많으신데, 피아노도 배우시네요?

弹着玩儿，反正也没什么事。
Tánzhe wánr, fǎnzhèng yě méi shénme shì
치면서 노는 거지 뭐, 어차피 별 일도 없는데.

(3) 我的话都是跟你说着玩儿的，千万别当真啊!
Wǒ de huà dōu shì gēn nǐ shuōzhe wánr de, qiān wàn bié dàngzhēn a!
내 말은 당신과 농으로 한 말이니, 절대로 진짜라고 생각지 마세요.

068 >>>> A着也是A着

아무 할 일이 없음 혹은 어떤 일이 아무 작용도 하지 못함을 표시한다. 이때 A는 일반적으로 "站", "坐", "躺", "待", "放", "闲", "空" 등 정태적 동사가 온다.

예문 (1) 咱们闲着也是闲着，干脆下盘棋吧。
Zánmen xiánzhe yěshì xiánzhe, gāncuì xià pán qí ba.
우리 아무것도 하지 않으니, 차라리 장기나 두자.

(2) 你在家里待着也是待着，不如出去找个活儿干干。
Nǐ zài jiālǐ dàizhe yěshì dàizhe, bùrú chūqù zhǎo gè huór gàn gàn.

너 집에서 아무 것도 안하고 있느니 나가서 일을 찾아서 하는 게 났다.

(3) 这些书放着也是放着，你要想看就来拿。
Zhèxiē shū fàngzhe yěshì fàngzhe, nǐ yào xiǎng kàn jiù lái ná.
이 책들은 그냥 놔두고 있는 것이니, 네가 보고 싶다면 가져가라.

[유사표현] 没什么用　起不到什么作用(별로 소용이 없다)

069 爱A不A①

"마음대로", "상관없음" 등의 의미를 갖는다. 때로는 불만의 어감을 동반한다. 이때 A는 단음절 동사가 온다.

[예문] (1) 你爱去不去，反正我们要去。
Nǐ ài qù bú qù, fǎnzhèng wǒmen yào qù.
네가 가든지 말든지 우리는 갈 것이다.

(2) 这几个菜就不错了，你爱吃不吃。
Zhè jǐ gè cài jiù bú cuòle, nǐ ài chī bù chī.
반찬이 몇 개면 됐지, 먹든지 말든지 네 마음대로 해라.

(3) 你真得了一等奖? 你爱信不信，我请客你别去。
Nǐ zhēn déle yī děng jiǎng? Nǐ ài xìn bú xìn, wǒ qǐngkè nǐ bié qù.
너 진짜 일등이야? 믿기 싫으면 믿지 마, 내가 쏘는데 오지 말고.

[유사표현] 随你的便(당신 마음대로)
随你的便。你可以用皮带机，也可以用输送机。
마음대로 해요. 당신은 컨베이어 벨트를 사용할 수도, 수송기를 사용할 수도 있다.

070 爱A不A②

"…인 것 같기도 하고, 아닌 것 같기도 함"을 표시한다. 그러나 부정적 성분이 더 강하다. "냉정, 불만, 억지" 등의 의미를 포함한다. 이때 A는 단음절 동사가 온다.

[예문] (1) 你对我爱理不理，将来我让你高攀不起。
Nǐ duì wǒ ài lǐ bù lǐ, jiānglái wǒ ràng nǐ gāopān bu qǐ.
너는 나를 무시하는데 앞으로 나는 너를 상대도 안 할 거다.

(2) 瞧他爱理不理的样子, 好像他以后再不求我似的。
Qiáo tā ài lǐ bù lǐ de yàngzi, hǎoxiàng tā yǐhòu zài bù qiú wǒ shì de.
그나 나를 본체만체 하는 것을 보면 그가 나중에 나에게 부탁을 안 할 것 같다.

(3) 白给你的, 你还爱拿不拿的。不是, 我是怕你们不够。
Bái gěi nǐ de, nǐ hái ài ná bù náde. Búshì, wǒ shì pà nǐmen búgòu.
이거 네게 그냥 줄게. 가지고 가고 싶으면 가져가라.
아니야, 나는 너희가 부족할까봐 그랬어.

[유사표현] 又像… 又不像…

071 >>>> 爱A (就) A

"하고 싶은 데로 하다"라는 의미로 온전히 자신의 뜻에 따라 할 수 있음을 표시한다. 이때 A는 의문사를 품은 동사구문이 온다. 그리고 "爱"는 때로는 "想"과 교환 가능하고, "就"는 생략할 수도 있다.

[예문] (1) 我们爱怎么玩(就)怎么玩, 明天就没机会了。
Wǒmen ài zěnme wán (jiù) zěnme wán, míngtiān jiù méi jīhuìle.
우리 마음껏 놀자. 내일은 기회가 없다.

(2) 到了家, 你想吃什么吃什么, 妈给你做。
Dàole jiā, nǐ xiǎng chī shénme chī shénme, mā gěi nǐ zuò.
집에 도착하면 네가 먹고 싶은 거 먹자, 엄마가 해줄게.

(3) 以后你别来找我了, 你爱找谁找谁, 你的事与我无关。
Yǐhòu nǐ bié lái zhǎo wǒle, nǐ ài zhǎo shéi zhǎo shéi, nǐ de shì yǔ wǒ wúguān.
다음에 너는 날 찾아오지 마라, 네가 찾고 싶은 사람 찾아라, 너의 일은 나와 관계없다.

[유사표현] 想怎么样就怎么样(하고 싶은 데로 하다)
想怎么样就怎么样, 也许这就是一个人的自由。
하고 싶은 데로 하는 것이 아마도 개인의 자유일 것이다.

072 >>>> 比A还A

어떤 사람이 어떤 방면에 특징이 있음을 강조한다. 항상 과장된 어기가 있고 때로는 풍자적인 의미를 갖는다. 이때 A는 모든 사람들이 공인하는 어떤 방면에 매우 특징이 있는 인물이나 사물을 대표한다.

예문 (1) 这老太太比葛朗台还葛朗台，女儿出嫁她一分钱都不花。
Zhè lǎo tàitai bǐ Gé lǎngtái hái Gé lǎngtái, nǚ'ér chūjià tā yī fēn qián dōu bù huā.
이 할머니는 그랑데보다 더 그랑데같아서 딸이 시집가는데 한 푼도 쓰지 않았다.

(2) 丽丽从小体弱多病，又爱哭，比林黛玉还林黛玉。
Lì lì cóngxiǎo tǐruòduōbìng, yòu ài kū, bǐ Líndàiyù hái Líndàiyù.
리리는 어렸을 때부터 잔병치레가 많고 또 잘 운다. 임대옥 보다 더 임대옥 같다.

(3) 妈妈的心肠特别好，比菩萨还菩萨。
Māma de xīncháng tèbié hǎo, bǐ púsà hái púsà
엄마는 마음씨가 매우 좋아서, 보살보다 더 보살 같다.

073 >>>> 闭着眼睛都能…

"눈감고 …할 수 있다"라는 의미로 상황에 대해 매우 익숙함 혹은 모종의 일을 함에 매우 숙련됨을 표시한다. 뒤에 동사구가 온다.

예문 (1) 打毛衣对她来说简直是小菜一碟，闭着眼睛都能打。
Dǎ máoyī duì tā lái shuō jiǎnzhí shì xiǎocài yī dié, bìzhe yǎnjīng dōu néng dǎ.
스웨터를 짜는 것은 그녀에겐 식은 죽 먹기라, 눈감고도 할 수 있다.

(2) 哪怕是她闭着眼睛，都能感觉到他的存在。
Nǎpà shì tā bìzhe yǎnjīng, dōu néng gǎnjué dào tā de cúnzài.
설사 그녀는 눈을 감았을 지라도, 그의 존재를 느낄 수 있다.

(3) 要说找那个人，我闭着眼睛都能摸到他家。
Yào shuō zhǎo nàge rén, wǒ bìzhe yǎnjīng dōu néng mō dào tā jiā.
그를 찾으라고 하면, 눈감고도 그의 집을 찾아 갈 수 있다.

유사표현 太熟悉了(매우 익숙하다)　再熟悉不过了

074 >>>> 别…的

어떤 사람의 언행에 대해 제재를 하거나 참을 수 없음을 표시한다. 불만의 어기를 갖고 있다.

예문 (1) 别进进出出的，房子里就这点热气，都让你给放跑了。
Bié jìnjin chūchūde, fángzi lǐ jiù zhè diǎn rèqì, dōu ràng nǐ gěi fàng pǎole.
들락날락거리지 마라, 집 안에 조금 있는 열기가 너 때문에 다 나가지 않나.

(2) 别老是一浩一浩的，我一听到他的名字就烦。
　　Bié lǎo shì Yī hào Yī hào de, wǒ yī tīng dào tā de míngzì jiù fán.
　　자꾸 일호 일호 하지마 나는 그의 이름만 들어도 짜증나.

(3) 你说话别老子老子的，多难听啊!
　　Nǐ shuōhuà bié lǎozi lǎozi de, duō nán tīng a!
　　너 '이 몸'이라고 그만 좀 해, 듣기 거북해.

[유사표현] 不要⋯　少⋯

075 〉〉〉〉 别的不说, 就说⋯吧

예를 많이 들 필요가 없이 단 한 가지 예만으로도 문제를 설명할 수 있다는 의미다. 뒤에 든 예는 주로 명사성이다. 그리고 "不说别的, 就说⋯吧."로 말 할 수도 있다.

[예문] (1) 别的不说，就说长城吧，它被称为世界第八大奇迹。
　　　Biéde bù shuō, jiù shuō Chángchéng ba, tā bèi chēng wéi shìjiè dì bā dà qíjī.
　　　다른 건 말할 필요 없이 만리장성만 봐도 세계 제 8대 불가사의라고 불린다.

(2) 是啊，别的不说，就说这款车吧，每辆降了三万多。
　　Shì a, biéde bù shuō, jiù shuō zhè kuǎn chē ba, měi liàng jiàngle sān wàn duō.
　　맞아, 다른 거 말고 이 자동차만 봐도 한 대당 3만원 가까이 떨어졌어.

(3) 别的不说，就说牡丹吧，我养了五个品种。
　　Biéde bù shuō, jiù shuō mǔdan ba, wǒ yǎngle wǔ ge pǐnzhǒng.
　　다른 걸 제외하고 모란만 말하면 나는 다섯 종류를 키우고 있어.

[유사표현] 就拿⋯　来说吧

076 〉〉〉〉 别看⋯

표면적으로 혹은 습관상 판단하거나 결론을 내릴 수 없음을 표시한다. 이때 "别看" 후반은 표면 현상이나 상황을 설명한다. 그리고 후반 구문은 주로 표면 현상과 반대되는 상황을 지적한다. 항상 "但(是)", "可(是)", "其实" 등의 전환을 표시하는 말이 온다.

[예문] (1) 别看他个子不高，干起活儿来不比谁差。
　　　Bié kàn tā gèzi bù gāo, gàn qǐ huór lái bù bǐ shéi chà.

그가 키가 작은 것만 보지 마라, 일하는 건 누구보다도 떨어지지 않는다.

(2) 别看他年纪小，讲起道理来跟大人似的。
Bié kàn tā niánjì xiǎo, jiǎng qǐ dàolǐ lái gēn dàrén shì de.
그가 어리다고 얕보지 마라, 도리에 대해 얘기할 땐 어른 같다.

(3) 别看他长得丑陋，心地却很善良。
Bié kàn tā zhǎngde chǒulòu, xīndì què hěn shànliáng
그가 못생긴 것만 보지마라 마음은 매우 선량하다.

077 >>>> 别人不A, 你(们) 还不A

상대가 이미 모종의 능력을 구비했거나 어느 정도 수준에 도달함을 강조한다. 이때 A는 동사 혹은 동사구가 오고 후반 절은 "반어법"을 사용한다.

(1) 我的情况别人不清楚，你们还不清楚？
Wǒ de qíngkuàng biérén bù qīngchu, nǐmen hái bù qīngchu?
내 상황을 다른 사람들이 모른다고 너희도 모르냐?

(2) 别人对我不放心，你还不放心？
Biérén duì wǒ bú fàngxīn, nǐ hái bú fàngxīn?
다른 사람들이 나를 걱정한다고 너도 걱정 하나?

(3) 你是会计，别人不会算，你还不会算？
Nǐ shì kuàijì, biérén bú huì suàn, nǐ hái bú huì suàn?
너는 경리인데, 다른 사람들이 계산하지 못한다고 너도 못하나?

078 >>>> 别是…

"혹시~는 아니겠지"라는 의미로 발생할 수 있는 모종의 사건이나 상황을 추측한다. 주로 나쁜 것이나 희망이 없는 상황을 추측한다. 하지만 어기가 비교적 부드러우면 때로는 좋은 결과를 추측하기도 한다. 이때는 "의외"나 가벼운 "놀램"의 의미가 있다.

(1) 天冷路滑，别是出什么事了吧。
Tiān lěng lù huá, bié shì chū shénme shìle ba.
추워서 길이 미끄러운데, 설마 무슨 일이 생기진 않았겠지.

(2) 我的书呢？再找找，别是忘在宿舍了吧。
Wǒde shū ne? Zài zhǎo zhǎo, bié shì wàng zài sùshèle ba.

내 책은? 다시 찾아봐, 설마 기숙사에 두고 온 건 아니겠지.

(3) 咦？家里有人，别是妈妈先回来了吧。
Yí? Jiā li yǒu rén, bié shì māma xiān huíláile ba.
어? 집에 사람이 있네, 엄마가 먼저 돌아오신 건 아니겠지.

[유사표현] 不会…吧(…가 아닐걸)

079 ···之日, 就是···之时

"…하는 날이 …할 때"라는 의미로 모종의 상황 발생에 따른 또 다른 상황의 발생을 의미한다. 이때 삽입성분은 동사 혹은 동사구가 온다.

[예문] (1) 我参加工作之日，就是咱家脱贫之时。
Wǒ cānjiā gōngzuò zhī rì, jiùshì zán jiā tuōpín zhī shí.
내가 일하게 된 날이 우리 집이 빈곤에서 벗어나는 시점이다.

(2) 事先不进行充分的调查，那么它上马之日，就是倒闭之时。
Shìxiān bú jìnxíng chōngfèn de diàochá, nàme tā shàngmǎ zhī rì, jiùshì dǎobì zhī shí.
사전에 충분한 조사를 하지 않았으니, 시작하는 날이 바로 망하는 날이다.

(3) 你退休之日，就是上班之时，我随时欢迎你。
Nǐ tuìxiū zhī rì, jiùshì shàngbān zhī shí, wǒ suíshí huānyíng nǐ.
네가 퇴직하는 날이 출근하는 날이다, 나는 아무 때나 환영한다.

080 别提(有) 多 A 了

"매우 A하다"는 의미로 정도가 극히 높음을 형용한다. 감탄의 어기를 포함한다. 이때 "多" 앞에 때로는 "有"자가 올 수도 있다. 이때 A는 보통 형용사 혹은 심리 활동을 표시하는 동사가 온다.

[예문] (1) 那个地方别提有多美了，你没去真是太可惜了。
Nàge dìfāng biétí yǒu duō měile, nǐ méi qù zhēnshi tài kěxíle.
그 곳은 말도 못 할 만큼 아름답다. 네가 안 가봤다니 너무 안타깝다.

(2) 听说我考上了北大，父母别提多高兴了。
Tīng shuō wǒ kǎo shàngle Běidà, fùmǔ biétí duō gāoxìngle.
내가 북경대학에 합격했다는 소식을 듣고 부모님은 말도 못 할 만큼 기뻐하셨다.

(3) 农场缺衣少粮，条件别提多艰苦了。
Nóngchǎng quē yī shǎo liáng, tiáojiàn biétí duō jiānkǔle.
농장은 옷도 없고 식량도 부족하고, 조건이 말할 수 없이 고생스러웠다.

[유사표현] 非常　特別　太

081 别往心里去

"마음에 두지 말라"는 의미로 어떤 일에 지나치게 신경 쓸 필요가 없다고 권유한다. 주로 타인을 위로할 때 사용한다.

[예문] (1) 我刚才不是故意惹您生气的，您别往心里去啊!
Wǒ gāngcái búshì gùyì rě nín shēngqì de, nín bié wǎng xīnlǐ qù a!
방금 고의로 당신의 화를 나게 한 것은 아니니 마음에 담지 마세요.

(2) 我不太会说话，如果说得不好，你可别往心里去啊。
Wǒ bú tài huì shuōhuà, rúguǒ shuōde bù hǎo, nǐ kě bié wǎng xīnlǐ qù a.
저는 말을 잘 하지 못하니, 만약 잘못 말하면 마음에 두지 마세요.

(3) 别往心里去，下次你会做得更好的.
Bié wǎng xīnlǐ qù, xià cì nǐ huì zuò de gèng hǎo de.
마음에 담아 두지 마세요, 다음에는 더 잘할 겁니다.

[유사표현] 别介意(개의치 말라)　别在意(신경쓰지 마라)
别在意那些在你背后说三道四的人.
네 뒤에서 무책임한 말을 하는 사람을 신경쓰지 마라.

082 …不 A, A的是…

앞에서 말한 상황과 비교하여 나중에 말하는 상황을 더 강조함을 표시한다. 이때 A는 동사 혹은 형용사가 온다.

[예문] (1) 别的我倒不担心，担心的就是他的健康。
Bié de wǒ dào bù dānxīn, dānxīn de jiùshì tā de jiànkāng.
다른 건 걱정되지 않는데, 단지 걱정되는 건 그의 건강이다.

(2) 别人怎么说并不重要，重要的是你自己要有主见。
Biérén zěnme shuō bìng bú zhòngyào, zhòngyào de shì nǐ zìjǐ yào yǒu zhǔjiàn.

다른 사람이 어떻게 말하는지는 중요치 않고, 중요한 것은 네 자신이 정견이 있어야 한다는 것이다.

(3) 困难再多也不可怕，可怕的是没有克服困难的勇气。
Kùnnán zài duō yě bù kěpà, kěpà de shì méiyǒu kèfú kùnnán de yǒngqì.
곤란이 아무리 많아도 두렵지 않지만, 두려운 것은 곤란을 극복할 용기가 없는 것이다.

[유사표현] 只是… 关键是… 重要的是…

083 >>>> 不A白不A

모종의 기회를 확실하게 잡아 자신을 위해 잘 활용할 수 있음을 표시한다. 이때 A는 동사다.

[예문] (1) 反正这些东西也有你一份，你不要白不要。
Fǎnzhèng zhèxiē dōngxi yěyǒu nǐ yí fèn, nǐ búyào bái bú yào.
어차피 이 물건들 네 몫도 있는데 안 받아 가면 없어지는 거야.

(2) 今天酒店搞店庆，吃饭免费，不吃白不吃。
Jīntiān jiǔdiàn gǎo diànqìng, chīfàn miǎnfèi, bù chī bái bù chī.
오늘 호텔에서 개점기념행사가 있는데 밥이 공짜다. 안 먹으면 없어.

(3) 你不去白不去，以后可再没机会了。
Nǐ bú qù bái búqù, yǐhòu kě zài méi jīhuìle.
네가 안가면 끝이야, 다음에 다시는 기회가 없을 거야.

084 >>>> 不A不A, …

"자신도 모르게"라는 의미로 일단 어떤 일을 하게 되면 의외임을 표현한다. 이때 A는 단음절의 동사가 온다.

[예문] (1) 我写作有个习惯，不写不写，一写就写一晚上。
Wǒ xiězuò yǒu gè xíguàn, bù xiě bù xiě, yī xiě jiù xiě yī wǎnshàng.
나는 글쓰기에 습관이 있는데 안 쓰다가, 한 번 쓰면 밤까지 쓴다.

(2) 你看我，不说不说，说起来没个完，真对不起。
Nǐ kàn wǒ, bù shuō bu shuō, shuō qǐlái méi gè wán, zhēn duìbuqǐ.
나 좀 봐, 말 안한다고 하다 말하기 시작하니 끝이 없네, 정말 미안하다.

(3) 老朋友见面高兴啊，不喝不喝，喝了好几杯。
　　Lǎo péngyou jiànmiàn gāoxìng a, bù hē bù hē, hēle hǎojǐ bēi.
　　오래된 친구를 만나서 기뻐서 그래, 안마시다 나도 모르게 여러 잔 마셨네.

085　不A不行(啊)

"A할 수 밖에 없다"는 의미로 부득불 이렇게 함을 표시한다. "어쩔 수 없음"이라는 어감이 있다. 이때 A는 동사 혹은 동사구문이다. "啊"자는 경우에 따라 생략이 가능하다.

예문 (1) 他们催我好几次了，我不去不行啊。
　　Tāmen cuī wǒ hǎojǐ cìle, wǒ bú qù bù xíng a.
　　그들이 나를 몇 번이나 재촉해서 나는 안가면 안된다.

(2) 现在不会使用电脑不行啊。
　　Xiànzài bú huì shǐyòng diànnǎo bùxíng a.
　　요즘 컴퓨터를 쓸 줄 모르면 안 되지.

(3) 当时要求每个人都要发言，我不说不行啊。
　　Dāngshí yāoqiú měi gèrén dōu yào fāyán, wǒ bù shuō bù xíng a.
　　그 때 각자 다 말하라고 해서, 나는 말하지 않을 수 없었다.

086　不A不知道，一A吓一跳

상황을 안 뒤 매우 놀람을 표시한다. 감탄하는 어감이 있다. 앞에 항상 "真是"가 오고, 뒤에 "啊"가 온다. 이때 A는 통상적으로 단음절 동사다.

예문 (1) 好家伙！真是不看不知道，一看吓一跳啊！
　　Hǎo jiāhuo! Zhēnshi bú kàn bù zhīdào, yí kàn xià yí tiào a!
　　대단한 놈! 보지 않으면 몰랐겠지만, 보니 깜짝 놀랐다!

(2) 没法跟这孩子比，真是不比不知道，一比吓一跳啊！
　　Méi fǎ gēn zhè háizi bǐ, zhēnshi bùbǐ bù zhīdào, yī bǐ xià yí tiào a!
　　이 아이와 비교할 수 없지만, 정말 비교하지 않으면 모르지만, 비교하면 놀란다.

(3) 真是不去不知道，一去吓一跳啊，情况糟透了.
　　Zhēnshi bú qù bù zhīdào, yí qù xià yí tiào a, qíngkuàng zāo tòule.

진짜 가보지 않으면 모를거에요. 가보고 깜짝 놀랐어요. 상황이 정말 심각해요.

[유사표현] 太让人吃惊了(사람으로 하여금 매우 놀라게 하다)   令人大吃一惊

087 >>>> 不A才怪呢

모종의 조건 아래서, 모종 상황은 반드시 발생할 수 있음을 표시한다. 이때 A는 동사 혹은 동사구이다.

[예문] (1) 再这样下去, 我们厂不倒闭才怪呢。
Zài zhèyàng xiàqù, wǒmen chǎng bù dǎobì cái guài ne.
계속 이렇게 한다면, 우리 공장이 망하지 않는 게 이상한 것이다.

(2) 你再这么干下去, 不累出病才怪呢。
Nǐ zài zhème gàn xiàqù, bú lèi chū bìng cái guài ne.
네가 계속 이런 식으로 해나간다면, 병이 나지 않는 게 이상한 거다.

(3) 你如果这么做, 你父母不生气才怪呢。
Nǐ rúguǒ zhème zuò, nǐ fùmǔ bù shēngqì cái guài ne.
너 이렇게 하면 부모님이 화를 안 내시는 게 이상한거야.

[유사표현] 一定会…   非… 不可

088 >>>> 不 A 还(能) B

단지 앞의 상황일 수밖에 없음을 강조한다. 반문의 어감을 포함한다. 이때 A와 B는 늘 대비가 되는 단어나 구문이 온다. 그리고 "B" 앞의 "能"은 생략할 수 있다.

[예문] (1) 别装糊涂了, 不是你还能是我?(반문)
Bié zhuāng hútule, búshì nǐ hái néng shì wǒ?
어리바리한 척하지마, 네가 아니면 나니?

(2) 这儿已经够不错了, 不住这儿还住哪儿?
Zhèr yǐjīng gòu búcuò le, bú zhù zhèr hái zhù nǎr?
여기 이미 충분히 좋잖아, 여기서 안 살면 어디서 살려고?

(3) 大雨天的, 他不在家还去哪儿? (반문)
Dà yǔtiān de, tā bú zài jiā hái qù nǎr?

비가 엄청 오는데, 그가 집에 있지 않으면 어딜 갔겠어?

[유사표현] 只能…

089 >>>> 不A…就A…

한쪽을 부정하고 다른 한쪽을 강조한다. 이때 A는 동사로, 삽입성분은 대비 의미가 있다.

[예문] (1) 我看上他，不图别的，就图他心眼好。
Wǒ kàn shàng tā, bù tú bié de, jiù tú tā xīnyǎn hǎo.
내가 그에게 반한 건, 다른 이유가 아니라 그의 마음씨가 고와서다.

(2) 他不信别人就信我，我说什么他都信。
Tā búxìn biérén jiù xìn wǒ, wǒ shuō shénme tā dōu xìn.
그는 다른 사람을 믿지 않고 나만 믿어서, 내가 무슨 말을 해도 다 믿는다.

(3) 今天我不请外人，就请同学，咱们好好儿聊聊。
Jīntiān wǒ bù qǐng wàirén, jiù qǐng tóngxué, zánmen hǎohāor liáo liáo.
오늘 난 외부인을 초청하지 않고 학우만 초청했으니 우리 잘 이야기해 보자.

[유사표현] 不…, 只…

090 >>>> 不A就不A

모종의 일에 상관없음을 표시한다. 때로는 불만의 어감이 있다. A는 동사 혹은 동사구가 온다.

[예문] (1) 不去就不去，我还不想去呢。
Bú qù jiù bú qù, wǒ hái bù xiǎng qù ne.
안가면 안 가는 거지, 나도 가고 싶지 않아.

(2) 不帮就不帮，我们再想别的办法。
Bù bāng jiù bù bāng, wǒmen zài xiǎng bié de bànfǎ.
돕지 않으면 돕지 안 는 거지, 우리 다시 다른 방법을 생각해보자.

(3) 不叫他就不叫他，少个人也没什么关系。
Bú jiào tā jiù bú jiào tā, shǎo gè rén yě méi shénme guānxì.

그를 안 부르면 안 부르는 거지, 한 사람 적어도 아무 상관없어.

091 不A就是不A

"A면 A다"라는 의미로 태도가 매우 강하고 분명한 것을 표시한다. 이때 A는 동사 혹은 형용사다.

예문 (1) 不知道就是不知道，你再问也没用。
Bù zhīdào jiùshì bù zhīdào, nǐ zài wèn yě méi yòng.
모른다면 모르는 거지, 너 자꾸 물어봐야 소용없다.

(2) 这次你就答应我吧。不行就是不行，下次再说!
Zhè cì nǐ jiù dāying wǒ ba. Bù xíng jiùshì bùxíng, xià cì zàishuō!
이번엔 허락 좀 해줘. 안된다면 안 되는 거야, 다음에 얘기하자.

(3) 你不对就是不对，干吗不承认?
Nǐ bú duì jiùshì bú duì, gànma bù chéngrèn?
틀린 거면 틀린 거지, 왜 인정하지 않으려는 거야?

유사표현 就是不… 绝对不…(…가 아니면 절대 …가 아니다)

092 不把 A 当回事儿

"A를 중요하게 여기지 않다"란 의미로 어떤 사람이나 사물에 대해 중시하지 않거나 개의치 않아 특별하게 생각하지 않음을 표시한다. 이때 A는 명사나 명사 구문, 혹은 동사나 동사구가 온다. 또 "没把A当回事儿"로 쓸 수도 있다. 그리고 "当回事儿"을 "当成一回事儿"로 쓸 수도 다.

예문 (1) 我根本不把这点儿小病当回事儿。
Wǒ gēnběn bù bǎ zhè diǎnr xiǎo bìng dāng huí shìr.
나는 원래 이 병을 별거 아니라고 생각했다.

(2) 我已经说过好多次了，可他不把我的话当回事儿。
Wǒ yǐjīng shuōguò hǎoduō cìle, kě tā bù bǎ wǒde huà dāng huí shìr.
내가 이미 여러 번 말했지만, 그는 나의 말을 중요하게 생각하지 않았다.

(3) 他啊, 压根儿没把做手术当回事儿。
　　Tā a, yàgēnr méi bǎ zuò shǒushù dāng huí shìr.
　　그는 말이야, 원래 수술을 별거 아니라고 생각해.

[유사표현] 不重视(중시하지 않다)

093 >>>> 不把 A 放在眼里

멸시하거나 중시하지 않음을 표시한다. 이때 A는 사람이나 사물이다. 그리고 "没把A放在眼里"로도 쓸 수 있다.

[예문] (1) 当初我年纪还小, 谁也不把我放在眼里。
　　Dāngchū wǒ niánjì hái xiǎo, shéi yě bù bǎ wǒ fàng zài yǎn lǐ.
　　그 때 나는 나이가 아직 어려서 아무도 나를 신경 쓰지 않았다.

(2) 我们都以为自己了不起, 谁也不把谁放在眼里。
　　Wǒmen dōu yǐwéi zìjǐ liǎo bu qǐ, shéi yě bù bǎ shéi fàng zài yǎn lǐ.
　　우리는 스스로가 대단하다고 생각해서 아무도 눈에 들어오지 않았다.

(3) 人家是做大生意的, 从来没把这些钱放在眼里。
　　Rénjiā shì zuò dà shēngyi de, cónglái méi bǎ zhèxiē qián fàng zài yǎn lǐ.
　　그는 큰 비즈니스를 하는 사람으로, 한번도 이 돈을 중요하게 생각지 않았다.

[유사표현] 看不起(경멸하다)
我真的看不起你这种跟跟跄跄的行为。
나는 정말 너의 이런 뻔뻔한 행동을 경멸한다.

094 >>>> 不管怎么说

"~라고 하던 간에"의 의미로 상황의 변화에도 불구하고 결과는 시종 불변임을 표시한다. 후반 구문은 "都"와 호응한다.

[예문] (1) 不管怎么说, 她都是你妈妈。
　　Bùguǎn zěnme shuō, tā dōu shì nǐ māma.
　　뭐라고 하든간에 그녀는 너의 어머니다.

(2) 我妈病重, 今天不管怎么样, 我都要去看看。
　　Wǒ mā bìng zhòng, jīntiān bùguǎn zěnme yàng, wǒ dōu yào qù kàn kàn.

어머니의 병세가 심각해서, 오늘은 뭐라고 해도 가 봐야겠다.

(3) 我的话你不爱听，可不管怎么说，我都是为了你好啊!
Wǒ de huà nǐ bú ài tīng, kě bùguǎn zěnme shuō, wǒ dōu shì wèile nǐ hǎo a!
내 말을 듣기 싫겠지만, 어쨌든 나는 다 너 잘되라고 하는 말이야.

[유사표현] 无论如何…(어쨌든), 不管怎么样(하여간에)

095 〉〉〉〉 不就是A吗?

말하는 사람이나 사물에 대해 중시하지 않거나 개의치 않음을 표시한다. 이때 A는 일반적으로 명사나 명사구가 오고 항상 수량사의 수식을 받는다. 때로는 A는 동사나 동사구가 올 수도 있다.

[예문] (1) 不就是一张足球票吗? 不看有什么了不得的?
Bú jiùshì yī zhāng zúqiú piào ma? Bú kàn yǒu shéme liǎo bu dé de?
단지 한 장의 축구 표일 뿐이잖아? 안본다고 무슨 큰일이 나니?

(2) 天池不就是一个湖吗? 有什么好看的?
Tiānchí bú jiùshì yīge hú ma? Yǒu shéme hǎo kàn de?
천지는 그냥 호수잖아? 뭐 볼게 있어?

(3) 不就是读课文, 回答问题吗? 有什么可怕的?
Bú jiùshì dú kèwén, huídá wèntí ma? Yǒu shéme kěpà de?
그냥 본문 읽고 문제에 대답하는 거 아니야? 무서울게 뭐 있어?

[유사표현] 不过是… 只是… 仅仅是…

096 〉〉〉〉 …不就(得)(完)(行)了吗①

사건이 매우 간단해 모종의 조치만 취하면 문제를 해결할 수 있음을 강조한다. 이때 삽입부분은 동사성 단어가 온다. 그리고 "得", "完", "行" 등과 호환하여 사용할 수 있다.

[예문] (1) 把电源关掉不就完了吗? 快走, 来不及了!
Bǎ diànyuán guān diào bú jiù wánle ma? Kuài zǒu, láibujíle
전원을 꺼버리면 되지 않니? 빨리 가자, 늦겠다!

(2) 上网查查不就行了吗? 何必去图书馆呢?
Shàngwǎng chá chá bú jiù xíng le ma? Hébì qù tú shū guǎn ne?
인터넷에서 찾으면 안 되니? 하필 도서관에 갈 필요 있어?

(3) 打个电话问一下不就完了吗?
Dǎ ge diànhuà wèn yíxià bú jiù wán le ma?
전화해서 물어보면 되지 않아?

[유사표현] … 就行了

097 >>>> 真是(的)

모종 상황의 발생 혹은 어떤 사람의 언행에 대해 불만을 표시한다. 원망의 어감이 있다. 的자를 생략하여 "真是"라고 말할 수도 있다.

[예문] (1) 一面之交, 见尧于墙, 他可真是的。
Yímiànzhījiāo, jiàn yáo yú qiáng, tā kě zhēnshi de.
한번 밖에 보지 못했는데, 그렇게 좋아하다니 그도 참.

(2) 真是, 我正要走, 接了电话, 就没赶上班车。
Zhēnshi, wǒ zhèngyào zǒu, jiēle diànhuà, jiù méi gǎn shàng bān chē.
참나! 내가 가려고 하는데, 전화를 받아서 출근차를 타지 못했어.

(3) 你看你, 跑得满头大汗, 真是的。
Nǐ kàn nǐ, pǎo de mǎn tóu dà hàn, zhēnshi de.
너 좀 봐라, 달려오느라 온 얼굴이 땀투성이네, 정말로.

098 >>>> …不客气了

거친 말이나 행동을 막 하려는 것을 표시한다. 주로 경고의 의미가 있고 항상 "就"와 함께 사용한다.

[예문] (1) 我这几件衣服你想要就拿走吧。那我就不客气了。
Wǒ zhè jǐ jiàn yīfu nǐ xiǎng yào jiù ná zǒu ba. Nà wǒ jiù bú kèqile.
이 옷들이 필요하면 가지고 가렴. 그럼 사양하지 않을게.

(2) 你要再这么吵下去, 我就不客气了。
Nǐ yào zài zhème chǎo xiàqù, wǒ jiù bú kèqile.

네가 계속 시끄럽게 군다면 내가 봐주지 않을 거야.

(3) 下次要再出现类似问题，你可别怪我不客气了。
Xià cì yào zài chūxiàn lèisì wèntí, nǐ kě bié guàiwǒ bú kèqile.
다음번에 또 비슷한 문제가 생기면, 내가 뭐라고 해도 탓하지 마라

099 >>>> 不瞒你说

전혀 속이지 않고 사실대로 상황을 말한다는 의미를 나타낸다. 친하고 믿음이 가는 사람에게 보통 공개하기를 원치 않는 문제나 사건을 말할 때 사용한다.

예문 (1) 不瞒你说，你的侄儿是靠不住的.
Bù mán nǐ shuō, nǐ de zhír shì kào bu zhù de.
솔직히 말해서 네 조카는 믿을 수 없다.

(2) 不瞒你说，晚饭后我常去公园跳舞。
Bù mán nǐ shuō, wǎnfàn hòu wǒ cháng qù gōngyuán tiàowǔ.
솔직히 말해서 저녁 먹고 나는 항상 공원에 가서 춤을 춘다.

(3) 不瞒你说，我最近正忙着装修房子呢。
Bù mán nǐ shuō, wǒ zuìjìn zhèng máng zhe zhuāngxiū fángzi ne.
솔직히 말해서 나 최근에 집을 꾸미고 있느라 바빠.

유사표현 说实话(솔직히 말하면)

100 >>>> 不怕…, 就怕…

어떤 방면의 상황만을 걱정함을 표시한다. 그리고 "不怕"와 "就怕" 뒤에는 두 가지 상황이 다름을 강조한다.

예문 (1) 我不怕学生基础差，就怕一个班水平不一样。
Wǒ búpà xuésheng jīchǔ chà, jiù pà yígè bān shuǐpíng bù yíyàng.
나는 학생의 기초가 약한 건 걱정이 안 되지만, 한 반의 수준이 다르면 걱정된다..

(2) 我不怕人多，就怕他们没有遵守规章的习惯。
Wǒ búpà rén duō, jiù pà tāmen méiyǒu zūnshǒu guīzhāng de xíguàn.
나는 사람 많은 건 걱정하지 않는데, 그들이 규정을 지키는 습관이 없을까 걱정이다.

(3) 还是小心一点的好，不怕一万，就怕万一呀。
Háishi xiǎoxīn yīdiǎn de hǎo, búpà yíwàn, jiù pà wàn yī ya.
여전히 조심하는 게 좋겠어, 무슨 일을 하든 간에 신중해야지.

[유사표현] 别的不担心，就担心…(다른 것은 걱정하지 않는데 걱정하는 것은 바로…)

101 〉〉〉〉 不是…的料

어떤 사람이 모종의 일을 함에 적합하지 않음을 표시한다. 삽입성분은 동사구로 모종의 일을 표시한다.

[예문] (1) 我看这孩子就不是学钢琴的料。
Wǒ kàn zhè háizi jiù búshì xué gāngqín de liào.
내가 볼 땐 이 아이는 피아노를 배울 재목이 아니다.

(2) 别为难他了，他根本就不是唱歌的料。
Bié wéinán tāle, tā gēnběn jiù búshì chànggē de liào.
그를 난처하게 하지마, 그는 원래 노래에 소질이 없어.

(3) 我觉得自己就不是当作家的料，于是就学了法律。
Wǒ juédé zìjǐ jiù búshì dāng zuòjiā de liào, yúshì jiù xuéle fǎlǜ.
내 생각에 나는 작가를 할 재목이 아니다, 그래서 법률을 공부했다.

[유사표현] 不适合做…(…하기 적합하지 않다)

102 〉〉〉〉 是…的料

어떤 사람이 모종의 일을 하기에 적합함을 표시한다. 삽입성분은 동사구로 모종의 사건을 표시한다.

[예문] (1) 我看这孩子真是学钢琴的料，一教就会。
Wǒ kàn zhè háizi zhēnshi xué gāngqín de liào, yī jiāo jiù huì.
내가 볼 때 이 아이는 정말 피아노를 할 재목이다. 한 번 가르치면 할 줄 안다.

(2) 我倒觉得他是当医生的料。
Wǒ dào juédé tā shì dāng yīshēng de liào.
내가 반대로 그가 의사가 될 재목이라고 생각해.

(3) 这孩子声音好，乐感强，倒是唱歌的料。
Zhè háizi shēngyīn hǎo, yuè gǎn qiáng, dàoshì chànggē de liào.
이 아이는 목소리가 좋고, 리듬감이 좋으니, 노래를 부를 재목인 것 같다.

103 〉〉〉〉 不是我说 A…

A에 대한 불만을 표시한다. 이때 후반 구문은 항상 불만의 원인을 표시하지만 정에 끌리기 때문에 전체적 어감이 부드럽다.

예문 (1) 昨天不是通知了吗? 不是我说你，开会没注意听吧?
Zuótiān búshì tōngzhīle ma? Búshì wǒ shuō nǐ, kāihuì méi zhùyì tīng ba?
어제 통지하지 않았니? 내가 회의한다고 말 했는데, 주의해서 듣지 않았지?

(2) 不是我说你，你最近怎么老是丢三落四的?
Búshì wǒ shuō nǐ, nǐ zuìjìn zěnme lǎo shì diūsānlàsì de?
내가 말하지 않았어, 너 요즘 왜 이렇게 자주 잊어?

(3) 不是我说你，你的身体太弱了，得好好儿锻炼锻炼啊!
Búshì wǒ shuō nǐ, nǐ de shēntǐ tài ruòle, děi hǎohāor duànliàn duànliàn a!
내가 얘기하지 않았어, 너는 몸이 약해서 열심히 운동해만 해!

104 〉〉〉〉 这一A不要紧

모종의 원인이 문제나 엄중한 결과를 조성함을 강조한다. 이때 A는 동사로 모종 언행을 표시한다. 후반부에 언행으로 인해 생긴 결과가 나온다.

예문 (1) 本来我还不紧张，你这一提醒不要紧，我现在倒有点害怕了。
Běnlái wǒ hái bù jǐnzhāng, nǐ zhè yī tíxǐng búyàojǐn, wǒ xiànzài dào yǒu diǎn hàipàle.
원래 나는 긴장하지 않았는데, 네가 긴장하지 말라고 하니까, 지금 조금 두려워졌다.

(2) 你这一跑不要紧，万一出个什么事，你后悔都来不及。
Nǐ zhè yī pǎo búyàojǐn, wàn yī chū gè shénme shì, nǐ hòuhuǐ dōu láibují.
너는 이렇게 뛰는 게 괜찮다고 하지만, 만약 무슨 일이 생긴다면 후회해도 이미 늦다.

(3) 你这一失败不要紧，只要改了就好了。
Nǐ zhè yī shībài búyàojǐn, zhǐyào gǎile jiù hǎole.
너 이번 실패는 괜찮다, 고치기만 하면 된다.

105 ›››› … 不说, 还…

모종의 상황을 제외하고 또 다른 상황도 있음을 표시한다. 또 다른 상황을 강조한다. 이때 "不说"는 가끔 "不算"과 교환하여 사용할 수 있다.

예문

(1) 这个地区好, 上班方便不说, 旁边还有一个公园, 可以散散步。
Zhège dìqū hǎo, shàngbān fāngbiàn bù shuō, pángbiān hái yǒu yígè gōngyuán, kěyǐ sàn sànbù.
이 지역은 좋다, 출근하는 게 편한 건 둘째 치고, 옆에 공원이 있어 산책할 수 있다.

(2) 这家饭馆的饭菜味道好不说, 还特别实惠, 你会满意的。
Zhè jiā fànguǎn de fàncài wèidào hǎo bù shuō, hái tèbié shíhuì, nǐ huì mǎnyì de.
이 식당의 음식이 맛있는 건 그렇다 치고 실속도 엄청나서 네가 만족할 거야.

(3) 买这辆车花光了我的全部积蓄不算, 我还借了些钱。
Mǎi zhè liàng chē huā guāngle wǒ de quánbù jīxù bú suàn, wǒ hái jièle xiē qián.
이 차를 사느라 나의 전 재산을 다 쓴 건 그렇다 치고, 돈을 빌리기까지 했다.

유사표현 不仅…, 而且… 除了…, 还…

106 ›››› 不… 找我

"결과가 좋지 않으면 내가 책임을 진다"라는 의미로 만약 예상한 결과가 나타나지 않는다면 말한 사람이 책임을 진다는 것을 강조한다. 바램과 허락의 의미가 있다. 삽입성분은 장차 출현할 상황을 표시한다.

예문

(1) 只要你参加这个学习班, 学不会找我。
Zhǐyào nǐ cānjiā zhège xuéxí bān, xué bú huì zhǎo wǒ.
네가 이 학습반에 참여하고도 공부를 못하면 내가 책임질게.

(2) 照这样画下去, 你家孩子画不好找我。
Zhào zhèyàng huà xiàqù, nǐ jiā háizi huà bù hǎo zhǎo wǒ.
이렇게만 그려간다면, 당신 아이가 그림을 잘 그릴 것이라고 보장합니다.

(3) 你如果能坚持锻炼三个月, 肯定能减肥, 减不了找我。
Nǐ rúguǒ néng jiānchí duànliàn sān gè yuè, kěndìng néng jiǎnféi, jiǎn bu liǎo zhǎo wǒ.

네가 만약 3개월간 운동을 지속할 수 있다면, 다이어트할 수 있다. 내가 장담한다.

[유사표현] 不… 才怪　一定会…

107 >>>> 不知(道)…才好

"해결할 방법이 없어 매우 곤란함"을 표시한다. 중간의 삽입성분은 항상 의문 대명사를 포함한다. "才"는 때로는 생략할 수 있다.

(1) 我是第一次遇到这种情况，我不知怎么办才好。
Wǒ shì dì yí cì yù dào zhè zhǒng qíngkuàng, wǒ bùzhī zěnme bàn cái hǎo.
나는 이러한 상황을 처음 겪어서 어떻게 해야 좋을지 몰라 곤란했다.

(2) 多亏你来了，当时我真不知道说什么(才)好了。
Duōkuī nǐ láile, dāngshí wǒ zhēn bù zhīdào shuō shénme (cái) hǎole.
네가 와서 다행이야. 그 때 나는 정말로 어떻게 말해야 할지 몰랐어.

(3) 他选来选去都不知(道)选哪个好了。
Tā xuǎn lái xuǎn qù dōu bùzhī (dào) xuǎn nǎge hǎole.
그가 고르고 고르다 뭘 골라야 할지 몰라 곤란해 했다.

[유사표현] 不知怎么办好(어떻게 처리해야 좋을지 모르다)

108 >>>> 不知怎么搞的(不知怎么了, …)

발생한 사건에 대해 이해하지 못함을 표시한다. 후반 구문은 이해하기 어려운 상황이 생긴 것을 표시한다.

(1) 不知怎么搞的，我最近老没精神。
Bùzhī zěnme gǎo de, wǒ zuìjìn lǎo méi jīngshén.
어떻게 된 건지 모르겠다, 나는 요즘 늘 정신이 없다.

(2) 不知怎么了，这个班请假的特别多，大部分是男生。
Bùzhī zěnmele, zhège bān qǐngjià de tèbié duō, dàbùfen shì nánshēng.
왜 그런지는 모르겠지만, 이 반의 조퇴가 매우 많고 대부분이 남학생이다.

(3) 不知怎么搞的，自从他走后，我老梦见他。
Bùzhī zěnme gǎo de, zìcóng tā zǒu hòu, wǒ lǎo mèng jiàn tā.

어떻게 된 건지 모르겠지만, 그가 가고 난 후, 나는 항상 꿈에서 그를 본다.

[유사표현] 不知怎么回事儿(무슨 일인지 모르겠다)

109 才不A呢

확정적 태도와 상황을 표시해 부정적 어기를 강조한다. A는 동사 혹은 동사구가 온다.

[예문] (1) 他不亲自来请，我才不去呢。
Tā bù qīnzì lái qǐng, wǒ cái bú qù ne.
그가 직접 와서 청하지 않으면 나는 안갈 것이다.

(2) 让他走好了，我才不留他呢。
Ràng tā zǒu hǎole, wǒ cái bù liú tā ne.
그보고 잘 가라고 해, 나는 그를 남으라고 않을 거야.

(3) 这些鸡毛蒜皮的小事，他才不管呢。
Zhè xiē jīmáo suànpí de xiǎoshì, tā cái bùguǎn ne.
이렇게 정말 사소한 일은 그는 신경도 쓰지 않는다.

110 才(叫)A呢

정말로 그렇게 불릴 만 하다는 의미를 표시한다. 감탄의 어기가 있다. 이때 A는 형용사나 묘사성 구문이 온다. 때로는 대명사 "那"가 올 수 있고 "叫"는 생략이 가능하다.

[예문] (1) 说到黄山的景色，那才(叫) 美呢。
Shuō dào Huáng shān de jǐngsè, nà cái (jiào) měi ne.
황산의 경치에 대해 말하자면 진짜 아름다움이라 할 수 있다.

(2) 他的英语一般，日语才棒呢。
Tā de Yīngyǔ yìbān, Rìyǔ cái bàng ne.
그의 영어는 보통이지만, 일본어는 대단하다 할 만하다.

(3) 小王的小孩儿(那)才叫人见人爱呢。
Xiǎo Wáng de xiǎo háir (nà) cái jiào rén jiàn rén ài ne.

샤오왕의 아이가 두루 사랑을 받는다고 말 할 수 있다.

[유사표현] 真是

111 丑话说在前头(前面)

丑话는 "듣기 싫은 소리"라는 의미로 상대에게 좋지 않은 상황이 발생할 것을 알려주어 그렇게 되었을 경우 알려주지 않았다는 말을 하지 못하게 만든다. 경고의 의미가 있다. 일반적으로 앞부분에 항상 전환을 뜻하는 단어가 온다.

[예문] (1) 丑话说在前头, 这方法的不便之处是显而易见的.
Chǒuhuà shuō zài qiántou, zhè fāngfǎ de búbiàn zhī chù shì xiǎn ér yíjiàn de.
쓴 소리를 먼저 하면 이 방법의 불편한 점은 명백히 알 수 있다.

(2) 不过丑话说在前面, 办砸了可不行。
Bú guò chǒu huàshuō zài qiánmiàn, bàn zále kě bùxíng.
그런데 먼저 쓴 소리 좀 하겠는데, 망치면 절대로 안 되네.

(3) 丑话说在前头, 这件事要是办不成那可不行。
Chǒu huà shuō zài qiántou, zhè jiàn shì yàoshi bàn bùchéng nà kě bùxíng.
안 좋은 소리를 먼저 하자면, 만약 이 일을 성사시키지 못하면 절대 안 됩니다.

[유사표현] 打预防针(예방하다) 先提醒你(먼저 알려주다)

112 除了A, 还是A

모종의 사물이 많고 오직 한 종류임을 강조한다. A는 명사 동사 혹은 동사구이다.

[예문] (1) 街上除了人, 还是人, 我才不想去呢。
Jiē shàng chúle rén, háishì rén, wǒ cái bùxiǎng qù ne.
거리에 사람에 치일 텐데, 나는 가고 싶지 않다.

(2) 他整天除了看书, 还是看书, 简直是个书呆子。
Tā zhěng tiān chúle kànshū, háishì kànshū, jiǎnzhí shìgè shūdāizi.
그는 하루 종일 책만 들여다보고 있어서, 그야말로 책벌레이다.

(3) 世界杯期间, 我除了看球赛, 还是看球赛, 什么都顾不上了。
Shìjièbēi qíjiān, wǒ chúle kàn qiúsài, háishi kàn qiúsài, shénme dōu gù bu shàng le.

월드컵기간에, 나는 축구경기 보는 것 빼고, 다른 것은 생각할 겨를이 없다..

유사표현 全都是… (전부 …다)
人，全都是为"发现"而航行的探寻者。
사람은 전부 발견을 위해 항해하는 탐험가다.

113 大A的

어떤 시간에 모종의 일을 하기에 부적합함을 강조한다. 이때 A는 주로 시간을 표시하는 단어가 온다.

예문 (1) 大白天的，睡什么觉啊，赶快起来。
Dà báitiān de, shuì shénme jiào a, gǎnkuài qǐlái.
대낮인데, 잠은 무슨 잠이야, 빨리 일어나.

(2) 大过年的，要多说吉利的话。
Dà guò nián de, yào duō shuō jílìde huà.
새해인데, 덕담을 많이 해야지.

(3) 今天我要买件羽绒服，大冷天的，总不能穿秋天的衣服吧。
Jīntiān wǒ yào mǎi jiàn yǔróngfú, dà lěng tiān de, zǒng bùnéng chuān qiūtiān de yīfu ba.
오늘 나는 다운재킷을 살 거야, 추운 날인데, 계속 가을 옷을 입을 수는 없잖아.

114 到时候再说

상황이나 사건이 발생하기를 기다려 다시 생각한다는 의미로 상대의 요구를 거절하거나 고의로 시간을 끌려 할 때 사용한다.

예문 (1) 到时候再说，你没看我正忙着吗?
Dào shíhou zài shuō, nǐ méi kàn wǒ zhèng mángzhe ma?
그 때 돼서 다시 말해, 지금 나 바쁜 거 안보이니?

(2) 你到底去不去呀? 还没想好呢, 到时候再说吧。
Nǐ dàodǐ qù bu qù ya? Hái méi xiǎng hǎo ne, dào shíhou zài shuō ba.
너 도대체 갈꺼니 안갈꺼니? 아직 생각중이야, 그때 돼서 다시 말하자.

(3) 你打算空着手去见她? 哪能呢, 到时候再说。
Nǐ dǎsuàn kōngzhe shǒu qù jiàn tā? Nǎ néng ne, dào shíhou zài shuō.

너 빈 손으로 그녀를 만나러 갈 생각이니? 어떻게 그래, 그때 돼서 생각해보자.

유사표현 以后再说   现在没时间   现在别着急

115 >>>> 倒也是

"그렇긴 하다"의 의미로 상대의 설명을 듣고 상대의 말이 일리가 있어 동의한다는 것을 표현한다. 때로는 "这倒也是(그도 그래요)", "那倒是", "那倒也是(그건 그래요)", "说的也是(그렇게 말이에요)" 등으로 말할 수 있다.

예문 (1) 他虽然任职不久，倒也是打谈过上级领导的为人处事。
Tā suīrán rènzhí bùjiǔ, dào yě shì dǎtánguò shàngjí lǐngdǎode wéirén chǔshì
그는 비록 임직한 지 오래되지 않았으나 그래도 상사의 처신에 대해서도 말했다.

(2) 这倒也是很符合他那显得洒脱不拘的性格。
Zhè dào yěshì hěn fúhé tā nà xiǎndé sǎtuō bùjū de xìnggé
이것은 그래도 그의 소탈한 성격에 매우 부합한다.

(3) 他心肠歹毒，说的倒也是实话。
Tā xīncháng dǎidú, shuō de dào yě shì shíhuà
그의 마음은 악독하지만 그래도 말하는 것은 사실이다.

유사표현 说的是   说的有道理   没错儿   是啊

116 >>>> 都…了

"都"는 시간사와 함께 사용하면 "이미"란 의미를 표현한다. 강조나 확정의 어감이 있다. 중간에 삽입되는 것은 주로 수량을 표현하는 성분으로, 동사 혹은 동사성 구문이 온다.

예문 (1) 都九点半了，走路恐怕来不及了，咱们坐车吧!
Dōu jiǔ diǎn bànle, zǒulù kǒngpà láibujíle, zánmen zuòchē ba!
벌써 9시 반이네, 걸어가면 늦을 것 같으니, 우리 차타고 가자.

(2) 时间过得真快，一转眼我们来这里都快一年了.
Shíjiān guò de zhēn kuài, yí zhuàn yǎn wǒmen lái zhèli dōu kuài yī niánle.
시간이 참 빨리 간다, 눈 깜박할 새에 여기 온지 벌써 일 년이 되었네.

(3) 你看房子都成什么样子了!
　　Nǐ kàn fángzi dōu chéng shénme yàngzi le!
　　너 방 꼬락서니가 어떻게 됐는지 좀 봐라.

[유사표현] 已经…了

117 都…了, 还…

"都"는 시간사와 함께 사용하면 "이미"란 의미를 표현한다. 전반부는 모종 상황을 말하고 후반부는 원래 출현하지 말아야 할 상황을 표시한다.

[예문] (1) 我哥都三十了, 还没女朋友呢。
　　Wǒ gē dōu sānshí le, hái méi nǚ péngyou ne.
　　우리 형은 이미 30살인데, 아직 여자 친구가 없다.

(2) 说好两点的, 现在都三点了, 他怎么还没到阿?
　　Shuō hǎo liǎng diǎnde, xiànzài dōu sān diǎnle, tā zěnme hái méi dào a?
　　2시라고 말했고, 지금이 벌써 3시인데, 그는 왜 아직도 도착하니 않았니?

(3) 都是教授了, 你还提这个破包啊。
　　Dōu shì jiàoshòu le, nǐ hái tí zhège pò bāo a.
　　교수님이신데, 아직 이 찢어진 가방을 드시네요.

118 都什么时候了

"지금이 어느 때인데"라는 의미로 상황의 발생이 적절한 시간이 아니거나 혹은 시간상 이미 늦었음을 강조한다. 항상 불만스러운 감정을 표현하는 데 사용한다.

[예문] (1) 都什么时候了, 你才把材料送来。
　　Dōu shénme shíhou le, nǐ cái bǎ cáiliào sòng lái.
　　지금이 어느 때 인데, 이제야 겨우 자료를 보내 오나.

(2) 都什么时候了, 你还说这种话, 太让我失望了!
　　Dōu shénme shíhoule, nǐ hái shuō zhè zhǒng huà, tài ràng wǒ shī wàng le!
　　지금이 어느 때인데, 그런 말을 하니, 정말 실망스럽구나.

(3) 你看看表, 都什么时候了, 我等了你两个小时了!
　　Nǐ kànkan biǎo, dōu shénme shíhoule, wǒ děngle nǐ liǎng ge xiǎoshí le!

시계 좀 봐라, 지금이 몇 신데, 나는 두 시간이나 기다렸다고!

119 >>>> 都是ABA的

"… 때문에 그래"라는 의미로 어떤 결과를 만든 원인을 표시한다. 이때 A는 동사 B와 동빈 관계를 구성한다.

예문 (1) 我这近视都是小时候玩电子游戏机玩的。
Wǒ zhè jìnshì dōu shì xiǎo shíhou wán diànzǐ yóuxìjī wánde.
내 근시는 어렸을 때 전자오락을 많이 해서 그렇다.

(2) 我看你这大肚皮都是喝啤酒喝的，你就少喝点儿吧。
Wǒ kàn nǐ zhè dà dùpí dōu shì hē píjiǔ hē de, nǐ jiù shǎo hē diǎnr ba.
내 생각엔 너의 뱃살은 모두 맥주를 마셔서 그런 것 같아. 조금 덜 마시렴.

(3) 你的鞋子怎么成了这个样子？都是踢球踢的。
Nǐ de xiézi zěnme chéngle zhège yàngzi? Dōu shì tī qiú tī de.
너의 신발이 어떻게 이 지경까지 되었니? 축구를 해서 그래.

유사표현 都是因为… 造成的

120 >>>> 都是A闹的

"모두 … 때문이다"라는 의미로 문제의 출현이 어떤 사람이나 원인 때문에 조성된 것을 표시한다. 불만의 어기가 있다. 이때 A는 명사나 명사 구문이 온다.

예문 (1) 最近我们好几个同学都病了。都是流感闹的。
Zuìjìn wǒmen hǎo jǐ gè tóngxué dōu bìngle. Dōu shì liúgǎn nào de.
요즘 우리 급우들이 다 병났어. 이건 모두 유행성 감기 때문이야.

(2) 你最近学习有些退步啊。都是电脑游戏闹的。
Nǐ zuìjìn xuéxí yǒuxiē tuìbù a. Dōu shì diànnǎo yóuxì nào de.
너 요즘 공부가 좀 떨어 졌다. 모두 컴퓨터게임 때문이야.

(3) 这一晚上你没休息好啊？都是屋里那只蚊子闹的。
Zhè yī wǎnshàng nǐ méi xiūxi hǎo a? Dōu shì wū li nà zhǐ wénzi nàode.
너 밤에 잠을 제대로 못잔 것 같다? 모두 방 안의 모기 때문이다.

유사표현 由… 造成的　由…引起的

121 ▶▶▶▶ 放A点儿

상대에게 그대로 하거나 정확한 태도를 취할 것을 표시한다. 어기가 비교적 강할 때는 경고의 의미를 갖는다. 이때 A는 형용사로 "放A点儿"은 "放A一些"로 쓸 수도 있다.

예문 (1) 放规矩点儿，这不是你家!
Fàng guīju diǎnr, zhè búshì nǐ jiā!
얌전히 좀 있어. 여기는 네 집이 아니야!

(2) 你放老实一些，好好儿交代! 我们的政策你是知道的。
Nǐ fàng lǎoshi yìxiē, hǎohāor jiāodài! Wǒmen de zhèngcè nǐ shì zhīdào de.
너 좀 성실하게 잘 설명 좀 해라, 우리의 정책을 네가 알고 있잖아.

(3) 我劝你放聪明点儿，不配合我们是没有好果子吃的。
Wǒ quàn nǐ fàng cōngmíng diǎnr, bú pèihé wǒmen shì méiyǒu hǎo guǒzi chī de.
똑똑하게 좀 굴어라, 우리에게 협조하지 않으면 좋은 결과를 얻을 수 없다.

유사표현 识相(분별 있게 굴다)
有一件事，我急于要忘记，朋友却不识相，处处提起。
어떤 일을 나는 빨리 잊으려 하는데 친구가 분별없이 도처에서 거론한다.

122 ▶▶▶▶ 放着A不B, …

상태가 정상이거나 혹은 조건이 매우 우월함에도 포기함을 표시한다. 때로는 애석함이나 책망의 의미가 있다. 이때 A는 명사로 항상 수식성분 "好好儿的"를 갖고 B는 동사로 A와 동빈 관계다.

예문 (1) 你放着好好儿的日子不过，干吗要去那儿受苦?
Nǐ fàngzhe hǎohāor de rìzi búguò, gànma yào qù nàr shòukǔ?
너 좋은 날을 잘 보내지 않고, 왜 그곳에 가서 고생하려고 하니?

(2) 他放着好好儿的学不上，偏要去打工。
Tā fàngzhe hǎohāor de xué bu shàng, piān yào qù dǎgōng.
그는 멀쩡하게 공부를 하지 않고, 굳이 일을 하려고 한다.

(3) 我真不明白，放着那么好的工作你不干，干吗要辞职啊?
Wǒ zhēn bù míngbai, fàngzhe nàme hǎode gōngzuò nǐ bú gàn, gànma yào cízhí a?

난 정말 이해가 안 되는데, 그렇게 좋은 직장을 안 다니고, 왜 사직하려 하니?

123 非…不可(不行)

"반드시 그렇게 해야 함"의 의미다. 혹은 모종의 상황이 반드시 출현함을 강조한다. 이때 삽입성분은 대부분 동사성 단어 혹은 구문이 오지만 명사나 대명사가 올 수도 있다. 때로는 "非…不成", "非…不可"와 "非… 不行"과 교체 사용할 수 있다.

예문 (1) 这几天太累了，周末非好好儿睡一觉不可。
Zhè jǐ tiān tài lèile, zhōumò fēi hǎohāor shuì yí jiào bùkě.
요 며칠 너무 피곤해서, 주말에 한 숨 푹 자야만 하겠다.

(2) 像你这样马马虎虎的，总有一天非出乱子不可。
Xiàng nǐ zhèyàng mǎmǎ hūhūde, zǒng yǒu yītiān fēi chū luànzi bùkě.
너처럼 이렇게 대충하면, 언젠가는 분쟁이 생길게 분명하다.

(3) 她，对住宿条件要求高得很，非五星级饭店不可。
Tā, duì zhùsù tiáojiàn yāoqiú gāo de hěn, fēi wǔ xīng jí fàndiàn bùkě.
그녀는 숙박에 대한 요구조건이 높아서, 오성급 호텔이어야만 한다.

124 该A的都A了

어떤 일에 최선을 다함 혹은 모든 사람이나 사물에 대해 모종의 조치를 취함 혹은 필수적 조건을 이미 구비함을 표시한다. 이때 A는 동사 혹은 동사구가 온다. "该"는 때로는 "能"과 교환하여 사용할 수 있다.

예문 (1) 该来的都来了，我们现在开始吧。
Gāi lái de dōu láile, wǒmen xiànzài kāishǐ ba.
올 사람들은 다 왔으니 우리 이제 시작하자.

(2) 我该说的都说了，你还不信吗?
Wǒ gāi shuō de dōu shuōle, nǐ hái bú xìn ma?
내가 말 할 건 다 말했는데, 너 아직도 못 믿니?

(3) 为了凑足这笔钱，他把能卖的都卖了，但还是不够。
Wèile còu zú zhè bǐ qián, tā bǎ néng màide dōu màile, dàn háishì búgòu.

이 돈을 모으기 위해서 그는 팔 수 있는 건 다 팔았지만 아직도 부족하다.

125 〉〉〉〉 该A还(是)A

모종의 상황이 변화가 없거나 변할 수 없음을 표시한다. 이때 A는 형용사, 동사 혹은 동사구가 온다. "还是"는 때로는 "还"로 쓸 수도 있다.

예문 (1) 我吃了减肥药后该胖还胖，一点儿效果都没有。
Wǒ chīle jiǎnféi yào hòu gāi pàng hái pàng, yīdiǎnr xiàoguǒ dōu méiyǒu.
내가 다이어트 약을 먹은 후 살 찔 건 다 찌고 효과가 하나도 없더라.

(2) 快考试了，他一点儿都不着急，该玩儿还是玩儿。
Kuài kǎoshìle, tā yīdiǎnr dōu bù zháo jí, gāi wánr háishì wánr.
시험이 코앞이지만 그는 하나도 급하지 않고, 놀건 다 논다.

(3) 开会要求按时到，可有些人该迟到还是迟到。
Kāihuì yāoqiú ànshí dào, kě yǒuxiē rén gāi chídào háishi chídào
회의에 제 시간에 도착하라고 요구했지만, 그러나 지각할 사람은 지각한다.

유사표현 仍然…(여전히…) 还是…
这个指示仍然有效。 이 지시는 여전히 유효하다.

126 〉〉〉〉 该A(就)A

모종 사건의 영향을 받지 않고 평상시대로 진행함을 표시한다. 이때 A는 동사 혹은 동사구가 온다. "就"는 때로는 생략가능하고 뒤에 "该B就B"를 첨가할 수 있다.

예문 (1) 孩子六岁了，该上学就上学，不能因为你们忙而耽误了。
Háizi liù suìle, gāi shàngxué jiù shàngxué, bùnéng yīnwèi nǐmen máng ér dānwùle.
아이가 여섯 살이 되었는데 학교를 갈 때 되었으면 보내야지. 너희가 바쁘다는 이유로 지체하면 안 된다.

(2) 别紧张，该学习(就)学习，该休息(就)休息，平时怎么样就怎么样。
Bié jǐnzhāng, gāi xuéxí (jiù) xuéxí, gāi xiūxi (jiù) xiūxi, píngshí zěnme yàng jiù zěnme yàng.
긴장하지마라, 공부할 때 공부하고, 쉴 때 쉬고, 평상시에 하는 대로 해라.

(3) 在他那儿我们很随便，该说(就)说，该笑(就)笑。
Zài tā nàr wǒmen hěn suíbiàn, gāi shuō (jiù) shuō, gāi xiào (jiù) xiào.
그에게 있으면 우리는 매우 편하다, 말하고 싶으면 말하고, 웃고 싶으면 웃는다.

127 >>>> 该A(时) 就A

모종의 일을 마땅히 언제 해야 함을 표시한다. 이때 A는 동사 혹은 동사구가 온다. 때로는 뒤에 "该B(时) 就B"를 추가할 수 있다.

예문 (1) 面对不法分子对人们的暴力侵害，我们该出手时就出手。
Miànduì bùfǎ fēnzǐ duì rénmende bàolì qīnhài, wǒmen gāi chūshǒu shí jiù chūshǒu.
불법분자가 사람들에게 폭력을 가할 때, 우리는 응당 손을 뻗어 도와야 한다.

(2) 他生活非常有规律，该睡觉(时)就睡觉。
Tā shēnghuó fēicháng yǒu guīlǜ, gāi shuìjiào (shí) jiù shuìjiào.
그의 생활은 매우 규칙적이라 자야할 때 잔다.

(3) 我们该学习就学习，该休息就休息。
Wǒmen gāi xuéxí jiù xuéxí, gāi xiūxi jiù xiūxi.
우리는 공부 할 때 공부하고, 쉴 때 쉬어야 한다.

128 >>>> 高兴得太早了

"기뻐하기에는 너무 이르다"라는 의미로 상대방에게 너무 낙관적이지 말 것을 표시한다. 주로 부정형식 "别高兴得太早了。"로 사용한다.

예문 (1) 别高兴得太早了，比赛还没结束呢。
Bié gāoxìng de tài zǎole, bǐsài hái méi jiéshù ne.
아직 기뻐하긴 이르지, 아직 시합은 끝나지 않았다.

(2) 别高兴得太早了，看谁能笑到最后。
Bié gāoxìng de tài zǎole, kàn shéi néng xiào dào zuì hòu.
기뻐하긴 아직 이르다. 누가 마지막에 웃는지를 봐야한다.

(3) 你高兴得太早了吧，你好好儿看看这是谁!
Nǐ gāoxìng de tài zǎole ba, nǐ hǎohāor kànkan zhè shì shéi!
너 기뻐하긴 아직 이르지 않니, 이게 누군지 잘 봐라.

유사표현 别太得意(너무 좋아하지 마!)

129 〉〉〉〉 给…点儿颜色看看

"본때를 보여주다"라는 의미로 어떤 사람에게 엄격한 벌을 시행함을 표시한다. 이때 중간에 인명이나 인칭대명사가 온다.

예문 (1) 他太不像话了，得给他点儿颜色看看了。
Tā tài bú xiànghuàle, děi gěi tā diǎnr yánsè kànkan le.
그는 해도 너무하니, 그에게 본때를 좀 보여줘야겠다.

(2) 你再不给他点儿颜色看看，还不知他又找什么麻烦。
Nǐ zài bù gěi tā diǎnr yánsè kànkan, hái bù zhī tā yòu zhǎo shénme máfan.
그에게 다시 본때를 보여주지 않는다면, 그가 또 어떤 골칫거리를 만들지 모른다.

(3) 这回我非给你点儿颜色看看，不然，你都忘了姓什么了。
Zhè huí wǒ fēi gěi nǐ diǎnr yánsè kànkan, bùrán, nǐ dōu wàngle xìng shénme le.
이번에 네게 본때를 보여주지 않을 수 없다. 그렇지 않으면 너는 네 성조차도 잊을 거야.

유사표현 收拾… (벌을 주다, 정리하다)
屋子不宽绰，收拾得倒还干净。 방이 넓지 않지만 잘 정리되어 있다.

130 〉〉〉〉 跟…过不去

"괴롭히다, 난처하게 만들다"라는 의미로 어떤 사람을 곤란하게 만드는 것을 표시한다. 이때 삽입부분은 인명 혹은 인칭대명사가 온다.

예문 (1) 你怎么老跟我过不去？我什么时候得罪你了？
Nǐ zěnme lǎo gēn wǒ guò bú qù? Wǒ shénme shíhou dézuì nǐle?
너는 왜 매번 나를 난처하게 하니? 내가 언제 네게 잘못을 했니?

(2) 该休息就休息，别跟自己过不去。
Gāi xiūxi jiù xiūxi, bié gēn zìjǐ guò bú qù.
쉴 때 쉬어야지, 계속 스스로를 고생시키지 마라.

(3) 她一直跟我过不去，也不知她安的什么心。
Tā yīzhí gēn wǒ guòbúqù, yě bùzhī tā ān de shénme xīn.
그녀는 계속 나를 난처하게 하니, 무슨 마음을 먹었는지 모르겠다.

131 >>>> 够A(的)了

이미 어느 정도나 요구에 도달하여 지나치지 말 것을 표시한다. 이때 A는 형용사, 동사 혹은 동사구가 온다. "的"는 생략할 수도 있다.

예문 (1) 那个时候, 每个月能吃上一次肉就够可以了。
Nàge shíhou, měi ge yuè néng chī shàng yícì ròu jiù gòu kěyǐ le.
그 당시에는 매달에 한번 고기를 먹을 수 있으면 매우 대단한 것이었다.

(2) 你这里的条件够好的了, 别要求太高了。
Nǐ zhèlǐ de tiáojiàn gòu hǎode le, bié yāoqiú tài gāole.
이곳의 조건은 아주 좋은데, 너무 높은 것을 바라지 마라.

(3) 他够给你面子的了, 要是换了别人, 就不会这么客气了。
Tā gòu gěi nǐ miànzi de le, yàoshi huànle biérén, jiù búhuì zhème kèqile.
그는 너의 체면을 많이 세워주었는데, 만약 다른 사람이었으면 이렇게 사양하지 않았을 것이다.

유사표현 已经不错了　知足吧(지족하다)

132 >>>> 怪… 的

정도가 매우 심함을 표시한다. 중간에 형용사 동사 동사구(주로 심리상태를 표시하는 단어)가 온다.

예문 (1) 这箱子看起来不大, 提着还怪费劲的.
Zhè xiāngzi kàn qǐlái bú dà, tízhe hái guài fèi jìn de.
이 상자 보기에는 크지 않은데, 들어보니 꽤 힘이 든다.

(2) 那个人怪有意思的, 一说话就爱笑。
Nàge rén guài yǒuyìsi de, yī shuōhuà jiù ài xiào.
그 사람은 꽤 재미있다. 말하자마자 잘 웃는다.

(3) 你老帮我, 我一直觉得怪不好意思的。
Nǐ lǎo bāng wǒ, wǒ yīzhí juédé guài bù hǎoyìsi de.
너는 매번 나를 도와주어서, 줄곧 상당히 미안하게 생각한다.

(4) 现在想来, 当初那么说怪可笑的.
Xiànzài xiǎnglái, dāngchū nàme shuō guài kě xiào de.

지금 생각해보면 처음에 그렇게 말한 건 좀 웃겼다.

[유사표현] 挺…的(정도의 최상급을 표현한다)

133 光A不B

어떤 측면을 강조하고 다른 측면을 부정한다. 이때 A와B는 형용사 동사 혹은 동사구가 온다. 가끔 "只A 不B"로 쓸 수도 있다.

[예문] (1) 你怎么光笑不说话，难道我说的不对？
Nǐ zěnme guāng xiào bù shuōhuà, nándào wǒ shuō de búduì?
왜 웃기만하고 아무 말도 안하니? 설마 내가 말한 게 틀리니?

(2) 不能光讲成绩不讲缺点，要全面地总结一年的情况。
Bùnéng guāng jiǎng chéngjī bù jiǎng quēdiǎn, yào quánmiàn di zǒngjié yī nián de qíngkuàng.
성적만 말하고 결점을 말 안 할 수 없고, 전면적으로 일 년 동안의 상황을 결산해야 한다.

(3) 学语言光听不说怎么能行？
Xué yǔyán guāng tīng bù shuō zěnme néng xíng?
언어를 배우는데 듣기만 하고 말은 안하면 어떻게 하니?

[유사표현] 只… 不…..

134 过去(了) 就过去了

사건이 이미 지나가 버려서 더 이상 언급할 필요가 없음을 표시한다. 용서나 위로의 의미가 있다. 첫 번째 "了"는 때로는 생략이 가능하다.

[예문] (1) 事情过去(了)就过去了，咱们还是好朋友。
Shìqíng guòqù (le) jiù guòqùle, zánmen háishì hǎo péngyou.
사건은 이미 지나가 버렸으니 우리는 여전히 좋은 친구다.

(2) 那点儿不愉快过去(了)就过去了，想开点儿。
Nà diǎnr bù yúkuài guòqù (le) jiù guòqùle, xiǎng kāi diǎnr.
이 불쾌한 일이 이미 지나가 버렸으니 긍정적으로 생각해!

(3) 都这么多年了，事情过去就过去了，你就不要再计较了。
Dōu zhème duō niánle, shìqíng guòqù jiù guòqùle, nǐ jiù búyào zài jìjiàole.

많은 세월이 지났고, 사건도 이미 지나갔으니, 더 이상 따지지 말라.

[유사표현] 不要再提了(다시 제기하지 말라)

135 这也叫A

이름과 걸맞지 않는 것을 표시한다. 즉 일정한 수준이나 표준에 이르지 못함을 말한다. 이때 A는 주로 명사나 명사구 혹은 동사나 동사구 혹은 형용사나 형용사구가 온다.

[예문]
(1) 这也叫学校? 连个像样的教室和桌椅都没有。
Zhè yě jiào xuéxiào? Lián gè xiàngyàng de jiàoshì hé zhuō yǐ dōu méiyǒu.
이것도 학교라고? 교실이나 책걸상 같이 생긴 것조차도 없다.

(2) 你看看, 看报的看报, 睡觉的睡觉, 这也叫开会?
Nǐ kànkan, kàn bào de kàn bào, shuìjiào de shuìjiào, zhè yě jiào kāihuì?
너 좀 봐봐, 신문 볼 사람은 신문 보고, 잘 사람은 자는데, 이게 회의라고 할 수 있니?

(3) 就这服务态度, 这也叫五星级饭店?
Jiù zhè fúwù tàidù, zhè yě jiào wǔ xīng jí fàndiàn?
이런 서비스태도로, 이게 5성급호텔이라고 할 수 있니?

136 这也不A, 那也不B

"이것도 …아니고 저것도 …아니다"라는 의미로 제한이 너무 많거나 몇 가지가 요구에 부합하지 않음을 표시한다. 이때 A와 B는 모두 동사나 동사구, A와 B는 동일한 단어나 구일 수 있다. 혹은 "那也不A, 这也不B"로도 말할 수 있다.

[예문]
(1) 自从我得了这病, 这也不让吃, 那也不让吃。
Zìcóng wǒ déle zhè bìng, zhè yě bú ràng chī, nà yě bú ràng chī.
내가 이 병에 걸리고 나서, 이것도 못 먹게 하고, 저것도 못 먹게 한다.

(2) 妈妈这也不让去, 那也不让去, 简直快把我憋死了。
Māma zhè yě bú ràng qù, nà yě bú ràng qù, jiǎnzhí kuài bǎ wǒ biē sǐle.
엄마는 여기도 못 가게하고, 저기도 못 가게 해서 나는 거의 답답해 죽을 것 같다.

(3) 这也不行, 那也不行, 到底怎么样你才满意呀?
Zhè yě bùxíng, nà yě bùxíng, dàodǐ zěnme yàng nǐ cái mǎnyì ya?

이것도 안 되고, 저것도 안 되면, 도대체 어떻게 해야 네가 만족 할 수 있느냐?

[유사표현] 既不…, 也不…(…하지도 …하지도 않다)
我们要正确看待自己, 既不能自高自大, 也不能自轻自贱。
우리는 자신을 정확히 보아야 한다. 과대평가 하거나 과소평가 하지 말아야한다.

137 〉〉〉〉 …还差不多

"괜찮은 편이다"라는 의미로 어떤 설명이나 행동에 대해 만족 혹은 적합함을 표시한다. 이때 삽입성분은 동사구 혹은 대명사 "这", "那"가 온다.

[예문] (1) 我刚才已经向他们道了歉。这还差不多。
Wǒ gāngcái yǐjīng xiàng tāmen dàole qiàn. Zhè hái chà bu duō.
나 방금 그들에게 사과 했어. 이래야 괜찮은 거지.

(2) 你要去, 我哪能不陪你呢? 这还差不多。
Nǐ yào qù, wǒ nǎ néng bù péi nǐ ne? Zhè hái chàbuduō.
네가 간다는데, 내가 어떻게 너와 함께하지 않겠니? 그럼, 그래야 괜찮지.

(3) 你这活儿他干不了, 让小刘干还差不多。
Nǐ zhè huór tā gàn bu liǎo, ràng Xiǎo Liú gàn hái chà bu duō.
네 이 일은 그는 못하고, 샤오리우가 하면 그런 대로 괜찮을 것이다.

138 〉〉〉〉 还没A, 就B

"…하지도 않았는데 …하다)라는 의미로 첫 번째 행동이 아직 끝나지 두 번째 행동이 발생함을 표시한다. 이때 A와 B는 모두 동사다.

[예문] (1) 我话还没说完, 他就跑出了家门。
Wǒ huà hái méi shuō wán, tā jiù pǎo chūle jiā mén.
나의 말이 끝나지 않았는데, 그는 집 밖으로 뛰쳐나갔다.

(2) 刘丽还没来得及跟我打招呼, 车就开走了。
Liú Lì hái méi láide jí gēn wǒ dǎzhāohu, chē jiù kāi zǒu le.
리우리와 내가 인사할 시간도 없이 차가 떠나버렸다.

(3) 传过来的球我还没接住, 就被他一下抢了过去。
Chuán guòlái de qiú wǒ hái méi jiē zhù, jiù bèi tā yíxià qiǎngle guòqù.
패스된 공을 내가 받을 새도 없이, 한 순간에 그에게 뺏겨버렸다.

139 还…呢①

상대의 호칭이 어울리지 않음을 표시한다. 불만이나 동의할 수 없다는 어감을 갖는다. 중간에 보통 명사나 명사 구문이 삽입된다.

(1) 一点儿钱都不借给我, 还朋友呢。
Yīdiǎnr qián dōu bú jiè gěi wǒ, hái péngyou ne.
한 푼도 나에게 빌려주지 않는데, 네가 친구냐.

(2) 连贝克汉姆都不知道, 还球迷呢。
Lián Bèikè Hànmǔ dōu bù zhīdào, hái qiúmí ne.
베컴조차도 모르는데, 축구팬이라고 할 수 있나.

(3) 什么鞋嘛, 还世界名牌呢, 才穿一个星期就没法穿了。
Shénme xié ma, hái shìjiè míngpái ne, cái chuān yígè xīngqī jiù méi fǎ chuānle.
무슨 신발이, 이게 세계 명품이라 할 수 있나, 일주일 밖에 신지 않았는데 못 신게 되었다.

140 还…呢②

"… 할 자격이 없음"이나 혹은 "…할 능력이 없음"을 표시한다. 다소 경시하는 의미가 있다. 중간에 보통 동사구가 삽입된다.

(1) 还说我呢, 你做得也不怎么样嘛!
Hái shuō wǒ ne, nǐ zuò de yě bù zěnme yàng ma!
나에게 뭐라 할 자격 없다, 네가 한 것도 별로 잘하지 않았다.

(2) 连西藏都没去过, 还说走遍全国呢, 真能吹。
Lián Xīzàng dōu méi qùguò, hái shuō zǒu biàn quánguó ne, zhēnnéng chuī.
티베트도 가보지 않았으면서, 전국을 돌아다녔다니, 허풍이 심하구나.

(3) 就他这水平, 还考北京大学呢, 算了吧。
Jiù tā zhè shuǐpíng, hái kǎo Běijīng dàxué ne, suànle ba.
그의 이 정도 수준으로 베이징 대학을 시험보다니, 그만둬라.

141 还是…吧

생각을 한 뒤 더욱 좋은 건의나 의견을 제시한다. 중간에 동사구가 온다.

예문 (1) 这件事还是让我来吧，我以前干过。
Zhè jiàn shì háishì ràng wǒ lái ba, wǒ yǐqián gàn guò.
이 일은 나에게 맡기는 것이 좋겠다, 이전에 해본 적이 있다.

(2) 你爸辛苦一天了，还是让他待在家里休息吧。
Nǐ bà xīnkǔ yītiānle, háishì ràng tā dài zài jiālǐ xiūxi ba.
네 아버지 하루 종일 고생하셨는데, 그냥 집에서 모시고 쉬어라.

(3) 时间不早了，还是明天去吧。
Shíjiān bù zǎole, háishi míngtiān qù ba.
시간이 늦었는데, 내일 가는 것이 좋겠다.

유사표현 最好… (…하는게 가장 좋다)

142 >>>> 还是… (的)好

비교나 생각을 한 후 "이렇게 처리함이 더 좋음"을 표시한다. 이때 삽입성분은 동사구가 온다. "的"자는 생략가능 하다.

예문 (1) 我觉得小学生还是不要带手机(的)好。
Wǒ juédé xiǎoxuéshēng háishi búyào dài shǒujī(de) hǎo.
내 생각에는 초등학생을 아직 휴대폰을 가지지 않는 것이 더 좋은 것 같다

(2) 对于这个计划，我看还是再研究研究好。
Duìyú zhège jìhuà, wǒ kàn háishi zài yánjiū yánjiū hǎo.
이 계획에 대해서, 내가 볼 때는 다시 연구해 보는 것이 좋을 것 같다.

(3) 想来想去，我觉得还是亲自去一趟好。
Xiǎnglái xiǎng qù, wǒ juédé háishi qīnzì qù yí tàng hǎo.
계속 생각해봐도, 직접 가보는 것이 좋을 것 같다.

유사표현 还是… 最好…(역시 …하는게 가장 좋다)

143 >>>> 还是… 来吧

어떤 사람이 모종의 일을 하거나 다른 사람이 일을 잘못할 때 누가 일을 하도록 의견을 제시한다. 이때 삽입성분은 사람 혹은 인칭대명사가 온다. "来" 뒷부분에 행위동사(做)를 첨가할 수 있다.

예문 (1) 他年龄小，这种活还是(让)我来吧。
Tā niánlíng xiǎo, zhè zhǒng huó háishi(ràng) wǒ lái ba.
그는 어려서, 이런 일은 역시 내가 하는 것이 좋겠다.

(2) 我今天太累了，晚饭还是你来做吧。
Wǒ jīntiān tài lèile, wǎnfàn háishi nǐ lái zuò ba.
나는 오늘 너무 피곤하니 오늘 저녁은 네가 차리는 것이 좋겠다.

(3) 他干了一辈子木工，修桌子还是让他来吧。
Tā gànle yíbèizi mùgōng, xiū zhuōzi háishi ràng tā lái ba.
라오왕은 한 평생 목공을 하였는데, 책상을 고치는 것은 그에게 맡겨라.

유사표현 让…来做吧(…로 하여금 하게 하다)

144 >>>> 还说呢

"말이라고 해"라는 의미로 원인이 내가 아님을 강조한다. 불만과 억울함의 어감이 있다. 주로 관계가 밀접한 사람사이에서 사용한다.

예문 (1) 还说呢，到了车站才发现没带钱，我是走着来的。
Hái shuō ne, dàole chēzhàn cái fāxiàn méi dài qián, wǒ shì zǒuzhe lái de.
말이라고. 정류장에 도착해서 돈을 안 가져온 걸 알았지 뭐야, 그래서 걸어서 왔어.

(2) 还说呢，昨天下了场雨，就有点感冒了。
Hái shuō ne, zuótiān xiàle chǎng yǔ, jiù yǒudiǎn gǎnmàole.
그걸 말이라고. 어제 비가 오고 바로 감기에 걸렸는걸.

(3) 还说呢，都是你! 昨天非让我吃冰琪淋，害得我肚子疼。
Hái shuō ne, dōu shì nǐ! Zuótiān fēi ràng wǒ chī bīng qí lín, hàide wǒ dùzi téng.
말이라고 해! 다 너 때문이야. 어제 나에게 계속 아이스크림을 권해서 배탈이 났어.

유사표현 别说了(말할 필요가 없다)

145 >>>> 好你个…

"제기랄…"의 의미로 상대 앞에서 상대에 대한 불만을 말한다. 항상 책망과 비평을 할 때 사용한다. 때로는 칭찬을 할 때도 사용한다. 인명 혹은 호칭과 함께 사용한다.

예문 (1) 好你个王涛, 现在连我家你也不去了。
Hǎo nǐ gè Wángtāo, xiànzài lián wǒjiā nǐ yě bú qùle.
제기럴 왕타오, 지금 내 집조차도 안 가다니.

(2) 好你个田晓晨, 这笔钱你也敢挪用, 不怕有人告你!
Hǎo nǐ gè Tián Xiǎochén, zhè bǐ qián nǐ yě gǎn nuóyòng, bùpà yǒurén gào nǐ!
이놈의 티엔샤오천, 이 돈도 당겨 쓸 생각을 하다니, 누가 신고할 것이 겁나지 않니!

(3) 好你个小子, 几年不见, 当上经理了, 真不赖!
Hǎo nǐ gè xiǎozi, jǐ nián bú jiàn, dāng shàng jīnglǐ le, zhēn bú lài!
이놈의 자식. 몇 년을 못 봤는데, 사장이 되다니 정말 굉장한데!

유사표현 好哇(잘 한다)

146 话不能这么说

"말은 그렇게 하면 안되지"라는 의미로 상대방이 한 말이 적당하지 않거나 도리가 없음을 표시한다. "不能" 앞에 "可", "也" 자를 첨가하여 강조나 부드러운 어감을 표시한다.

예문 (1) 话(可)不能这么说, 难道我也不是个好东西?
Huà (kě) bùnéng zhème shuō, nándào wǒ yě búshì gè hǎo dōngxi?
말이라도 그렇게 하면 안 되지, 설마 나도 제대로 된 사람이 아니야?

(2) 话(也)不能这么说, 他毕竟是咱们单位的人。
Huà (yě) bùnéng zhème shuō, tā bìjìng shì zánmen dānwèide rén.
그렇게 말하면 안 되지. 그는 그래도 우리 회사 사람인걸.

(3) 话不能这么说, 难道医院能随便拿病人开玩笑?
Huà bùnéng zhème shuō, nándào yīyuàn néng suíbiàn ná bìngrén kāiwánxiào?
그렇게 말하면 안 되지, 설마 병원에서 환자로 장난이라도 치겠어?

유사표현 这么说可不行(그렇게 말하면 안 되지)

147 话是这么说

"말은 이렇게 해도"라는 의미로 도리 상 그렇다는 말이다. 뒷부분에 전환을 뜻하는 단어가 흔다. 항상 "但(是)", "可是", "不过" 등의 접속사가 온다.

예문 (1) 话是这么说，可他脸皮太薄，拉不下这个脸来。
　　　　Huà shì zhème shuō, kě tā liǎnpí tài báo, lā bu xià zhège liǎn lái.
　　　　말은 그렇게 하지만, 그는 수줍음이 많아서 차마 그렇게는 못하는 것 같다.

(2) 话是这么说，这病又没得在你身上。
　　　Huà shì zhème shuō, zhè bìng yòu méi dé zài nǐ shēnshang.
　　　말은 그렇게 해도, 이 병이 너에게 있는 것도 아니지 않니.

(3) 话是这么说，但过年了，你总得回去看看吧。
　　　Huà shì zhème shuō, dàn guò niánle, nǐ zǒngděi huíqù kànkan ba.
　　　말은 그렇게 해도, 새해인데, 어쨌든 돌아가 봐야 하지 않겠냐.

148 话(又)说回来(了)

"그나저나"라는 의미로 어떤 일의 한 측면을 설명한 후 또 다른 방면에서 분석과 설명을 하면, 양자의 의미가 반대가 되어 후자가 말하는 사람이 더 강조한 것이 된다. 이때 앞에 전환을 나타내는 접속사 "可", "可是", "但", "但是"를 첨가할 수 있다. 그리고 "又"와 "了"는 때로는 생략할 수 있다.

예문 (1) 他笨手笨脚，可是话说回来，他总是乐于助人。
　　　　Tā bènshǒu bènjiǎo, kěshì huàshuō huílái, tā zǒng shì lèyú zhùrén.
　　　　그는 굼뜨지만 그나저나 항상 사람을 돕는 것을 좋아한다.

(2) 话说回来，我看着五光十色的贺年片，我心里充满了幸福。
　　　Huàshuō huílái, wǒ kànzhe wǔguāng shísède hènián piàn, wǒ xīnlǐ chōngmǎnle xìngfú.
　　　그렇게 말하지만 나는 색색의 연하장을 보면서 마음속에 행복이 충만해졌다.

(3) 可话说回来，在这儿他只有找我了，他只认识我呀。
　　　Kě huàshuō huílái, zài zhèr tā zhǐyǒu zhǎo wǒle, tā zhǐ rènshí wǒ ya
　　　그런데 말이지 다시 말하면, 여기서 그가 나만 찾는 건, 나밖에 몰라서 그런 거야.

149 换句话说

'바꾸어 말하면, 다시 말하자면"이란 의미로 표현방식을 바꾸어 방금 말한 문제를 설명한다. 나중 표현방식이 더 간명하고 직접적임을 표시한다.

예문 (1) 对你最好的那个人，换句话说，也就是最好欺负的人。
Duì nǐ zuì hǎode nàgè rén, huàn jù huà shuō, yě jiùshì zuì hǎo qīfù de rén.
네게 가장 잘해주는 사람은, 바꾸어 말하면 최고의 사기꾼이다.

(2) 你爱一个人，换句话说，也可以用另一种方式拥有。
Nǐ ài yígè rén, huàn jù huà shuō, yě kěyǐ yòng lìng yī zhǒng fāngshì yōngyǒu.
당신이 누군가를 사랑하는 것은 다른 말로 하면 다른 방식으로 소유하는 것이다.

(3) 他的意思啊，换句话说，就是咱们干事得多动动脑筋.
Tāde yìsi a, huàn jù huà shuō, jiùshì zánmen gànshì děi duō dòngdong nǎojīn.
그의 뜻은, 바꾸어 말하면 우리가 일을 할 때 머리를 좀 쓰라는 말이야.

유사표현 也就是说(바꾸어 말하자면)

150 叫…A, … (还)真A呀

누군가 타인의 말을 진실로 믿어 마땅히 하지 말아야 할 일을 함을 표시한다. 이때 A는 동사나 동사구가 온다. 주로 상대를 책망할 때 사용한다. "还"자는 생략할 수도 있다.

예문 (1) 叫你去，你(还)真去呀？没长脑子？
Jiào nǐ qù, nǐ(hái) zhēn qù ya? Méi zhǎng nǎozi?
너에게 가라고 했다고, 진짜 가는 거니? 머리가 그렇게 안돌아 가니?

(2) 他是在试探你呢，让你拿，你(还)真拿呀?
Tā shì zài shìtàn nǐ ne, ràng nǐ ná, nǐ(hái) zhēn ná ya?
그는 너를 떠보고 있는 거야, 너보고 가져가랬다고 진짜 가져가니?

(3) 让你别打扫，你还真不打扫呀?
Ràng nǐ bié dǎsǎo, nǐ hái zhēn bù dǎsǎo ya?
너에게 청소하지 말라고 했다고, 진짜 청소를 안 하니?

151 叫你A(你)就A

상대방이 무조건 복종함을 표시한다. 이때 말의 어감이 비교적 무겁다. 주로 2인칭에 사용하지만 2인칭대명사는 생략할 수도 있다. 이때 A는 동사 혹은 동사구가 온다. 그리고 "让你A 你就A"로도 쓸 수 있다.

예문 (1) 叫你去(你)就去, 别磨磨蹭蹭的。
　　　Jiào nǐ qù(nǐ) jiù qù, bié mómo cèngcèng de.
　　　가라면 가라, 꾸물꾸물 대지 말고.

(2) 我叫你来(你)就来, 来了什么都知道了。
　　Wǒ jiào nǐ lái(nǐ) jiù lái, láile shénme dōu zhīdàole.
　　내가 너보고 오라고 하면 와야지, 오면 무슨 일인지 다 알 수 있다.

(3) 让他干什么就干什么, 他哪儿这么多话呀!
　　Ràng tā gànshénme jiù gànshénme, tā nǎr zhème duō huà ya!
　　그는 하라면 하란대로 해야지 무슨 말이 그렇게 많아!

유사표현　听话(순종하다)

152　(就)更不用说了

"더 말할 것도 없다"라는 의미로 모종의 상황이나 결론을 쉽게 알 수 있음을 표시한다. "就"는 생략할 수도 있다. 삽입성분은 명사 구문이나 동사 동사구가 온다. 삽입성분은 "就" 앞이나 "说" 뒤에 온다.

예문 (1) 他什么比赛都看, 今天这场球赛(就)更不用说了。
　　　Tā shénme bǐsài dōu kàn, jīntiān zhè chǎng qiúsài (jiù) gèng búyòng shuōle.
　　　그는 무슨 시합이던 다 보니, 오늘 이 구기시합은 말할 것도 없다.

(2) 这道题老师都想了半天, 更不用说那些学生了。
　　Zhè dào tí lǎoshī dōu xiǎngle bàntiān, gèng búyòng shuō nàxiē xuéshengle.
　　이 문제는 선생님도 오랜 시간 고민했는데, 학생들은 말할 필요도 없다.

(3) 他连自己的衣服都懒得洗, (就)更不用说帮别人洗了。
　　Tā lián zìjǐde yīfu dōu lǎnde xǐ, (jiù)gèng búyòng shuō bāng biérén xǐ le.
　　그는 자신의 옷도 빨기 귀찮아하는데, 다른 사람을 도와 빨래할 리가 만무하다.

유사표현　显而易见(명백히 알 수 있다)
　　　　 种族歧视还是显而易见. 종족간의 이견이 아직 분명히 나타나고 있다.

153　就看…的了

어떤 일을 잘되게 하려는 희망을 개인이나 모종의 행위에 기탁하는 것을 표시한다. 부탁, 격려 등의 어기가 있다. 이때 삽입성분은 주로 인명이나 인칭대명사가 온다. 동사구도 들어갈 수 있다.

[예문] (1) 我们都准备好了，就看临场发挥的了。
Wǒmen dōu zhǔnbèi hǎole, jiù kàn línchǎng fāhuī de le.
우리 모두 준비가 다 되었다. 이제는 실전에서 발휘하는 것만 남았다.

(2) 我该做的都做完了，后面的事(那)就看你们的了。
Wǒ gāi zuò de dōu zuò wánle, hòumiàn de shì(nà) jiù kàn nǐmen de le.
내가 해야 할 것은 다 했다, 뒷일은 다 너희에게 달렸다.

(3) 这件事包在我身上。那就(全)看你的了。
Zhè jiàn shì bāo zài wǒ shēnshang. Nà jiù (quán) kàn nǐ dele.
이 일은 이제 나에게 달렸다. 그렇다면 너만 믿을게.

[유사표현] 全靠…了(…에 완전히 의지하다)

154 …就是了①

주저하거나 의심할 필요 없이 단지 말하는 사람의 요구대로 하면 됨을 표시한다. 문장 끝에 사용한다.

[예문] (1) 没什么难的，到时候看别人怎么做你也跟着做就是了。
Méi shénme nán de, dào shíhou kàn biérén zěnme zuò nǐ yě gēnzhe zuò jiùshìle.
별로 어려울 것이 없다, 때가 돼서 다른 사람이 어떻게 하면 너도 그걸 따라서 하면 된다.

(2) 到了那儿，他让你做什么你做什么就是了。
Dàole nàr, tā ràng nǐ zuò shénme nǐ zuò shénme jiùshìle.
그곳에 도착하여, 그가 뭘 하라고 하면 그걸 하면 된다.

(3) 这件事我一定给你办，你回家等消息就是了。
Zhè jiàn shì wǒ yídìng gěi nǐ bàn, nǐ huí jiā děng xiāoxi jiùshìle.
이 일은 반드시 너에게 처리하도록 해줄 테니, 너는 집으로 돌아가서 소식을 기다리면 된다.

[유사표현] …就可以了(…하면 된다)

155 ···就是了②

진술문 끝에서 "이와 같을 뿐"임을 표시한다. 주로 "不过", "只是" 등과 호응한다.

예문 (1) 你以为我不知道，我只是不想说你就是了。
Nǐ yǐwéi wǒ bù zhīdào, wǒ zhǐshì bù xiǎng shuō nǐ jiùshìle.
너는 내가 모를 줄 알았냐. 나는 단지 너에게 말하고 싶지 않았을 뿐이다.

(2) 这件事谁不知道，大家只是不说就是了。
Zhè jiàn shì shéi bù zhīdào, dàjiā zhǐshì bù shuō jiùshìle.
이 일을 누가 모르느냐, 모두들 단지 말하지 않는 것 뿐이다.

(3) 又不是什么大不了的事，说他几句就是了，怎么能打他呢?
Yòu búshì shénme dàbuliǎo de shì, shuō tā jǐ jù jiùshìle, zěnme néng dǎ tā ne?
별로 큰일도 아닌데, 그에게 몇 마디만 하면 되었을 걸, 어떻게 그를 때릴 수 있느냐?

유사표현 ··· 罢了(단지···일 뿐이다) ··· 而已(···일 뿐이다)

156 就知道···

누가 모종의 일에만 빠지는 것을 책망하는 것을 표시한다. 원망과 책망의 의미가 있다. 이때 삽입성분은 동사나 동사구가 온다.

예문 (1) 他回到家就知道看电视，什么事都不管。
Tā huí dào jiā jiù zhīdào kàn diànshì, shénme shì dōu bùguǎn.
그는 집에 돌아가면 텔레비전만 보고 다른 것을 신경 쓰지 않는다.

(2) 你就知道工作，也不想想，身体累坏了还怎么工作?
Nǐ jiù zhīdào gōngzuò, yě bù xiǎng xiǎng, shēntǐ lèi huàile hái zěnme gōngzuò?
너는 일만 알고, 생각하지도 않니, 몸이 피곤해서 망가지면, 어떻게 일을 하니?

(3) 他这几天就知道玩儿游戏，早把暑假作业忘记了。
Tā zhè jǐ tiān jiù zhīdào wánr yóuxì, zǎo bǎ shǔjià zuòyè wàngjile.
샤오밍은 요 며칠 동안 게임만 하고, 이미 여름방학 숙제에 대한 것은 잊어버렸다.

157 开什么玩笑①

"웃기지마"라는 의미로 어떤 요구를 승낙할 수 없음 혹은 실현 불가능함을 표시한다. 때로는 풍자의 어기가 있다. 주로 거절할 때 사용한다. "开玩笑"로도 사용한다.

예문 (1) 开(什么)玩笑, 那套房子还值三十万？他不想卖啦！
Kāi(shénme)wánxiào, nà tào fángzi hái zhí sānshí wàn? Tā bùxiǎng mài la!
웃기지마, 그 집이 30만원이나 한다고? 팔고 싶지 않은 거겠지!

(2) 开什么玩笑, 不种粮食你吃什么？
Kāi shénme wánxiào, bú zhòng liángshí nǐ chī shénme?
웃기네, 식량을 심지 않으면 너 뭐 먹을 건데?

(3) 拿了奖学金该请客了吧？开玩笑, 我的学费还没交呢。
Nále jiǎngxuéjīn gāi qǐngkèle ba? Kāi wánxiào, wǒ de xuéfèi hái méi jiāo ne.
장학금을 받았으면 한 턱 쏴야지? 웃기지마, 나 학비도 아직 못 냈는걸.

유사표현 不行(안 된다)

158 开什么玩笑②

"장난해"라는 의미로 진정성이 없는 태도로 대응함을 표시한다. 책망과 분노의 어기가 있고 "开玩笑"로 쓸 수도 있다.

예문 (1) 你开什么玩笑, 我一个人能办得到吗？
Nǐ kāi shénme wánxiào, wǒ yígè rén néng bànde dào ma?
장난해, 내가 혼자 어떻게 처리해?

(2) 咱们结婚吧。开什么玩笑, 这么大的事我总得和家人商量吧。
Zánmen jiéhūn ba. Kāi shénme wánxiào, zhème dàde shì wǒ zǒngděi hé jiārén shāngliang ba.
우리 결혼하자. 장난해, 이렇게 큰일은 어쨌든 가족들과 상의해봐야지.

(3) 开什么玩笑, 遇上黑熊怎么办？
Kāi shénme wánxiào, yù shàng hēixióng zěnme bàn?
장난해, 흑곰을 만나면 어쩌려고?

유사표현 不要开玩笑(장난하지 마)   可不是闹着玩儿的(결코 장난이 아니다)

159 　看A怎么B

"할 수 없음"을 표시한다. 분노의 의미가 있다. 이때 A는 제2, 제3인칭대명사가 온다. 2인칭대명사일 경우 생략할 수 있다. B는 동사 혹은 동사구가 온다.

예문 (1) 没有地图，看他怎么走。
　　　Méiyǒu dìtú, kàn tā zěnme zǒu.
　　　지도도 없이, 그가 어떻게 가는지 보자.

(2) 考得这么差，回家后看(你)怎么向你妈交代。
　　Kǎo de zhème chà, huí jiā hòu kàn (nǐ) zěnme xiàng nǐ mā jiāodài.
　　시험을 이렇게 망치고, 집에 가서 엄마께 뭐라고 말할지 보자.

(3) 不去找工作，整天待在家里，看你将来怎么生活。
　　Búqù zhǎo gōngzuò, zhěngtiān dài zài jiālǐ, kàn nǐ jiānglái zěnme shēnghuó.
　　직장도 구하지 않고, 집에만 있으니, 네가 장래에 어떻게 생활하는지 보자.

유사표현　看…怎么办

160 　看把AB得

상대방의 행위나 감정의 노출이 너무 지나침을 표시한다. 혹은 그럴 필요가 없음을 표시한다. 이때 A는 사람을 표시하고 주로 제2, 제3인칭대명사가 온다. B는 형용사 혹은 심리활동 동사가 온다.

예문 (1) 不就是一件裙子嘛，看把她美得。
　　　Bú jiùshì yí jiàn qúnzi ma, kàn bǎ tā měi de.
　　　그냥 치마일 뿐 아니냐, 그녀는 아름답구나.

(2) 看把你累得，快坐下喝口水吧。
　　Kàn bǎ nǐ lèi de, kuài zuò xià hē kǒushuǐ ba.
　　너 피곤에 쩔었네, 빨리 앉아서 물 한잔 마셔라.

(3) 已经检查过了，没什么大问题，看把你俩急得。
　　Yǐjīng jiǎnchá guòle, méi shénme dà wèntí, kàn bǎ nǐ liǎ jí de.
　　이미 검사를 다했는데, 큰 문제는 없대. 너희 둘은 너무 급했어.

161 看不出来

"알아볼 수 없다"라는 의미로 겉으로 보기에 특별한 점이 없는 듯 보임을 나타낸다. "의외"라는 의미를 갖는다. 전반 구에 부사 "真"을 사용할 수 있다.

예문

(1) 看不出来, 你还具有两下子啊!
Kàn bu chūlài, nǐ hái jù yǒu liǎngxiàzi a!
의외인데, 너 정말 솜씨가 보통이 아닌걸!

(2) 别看他平时不哼不哈的, 看不出来还挺有思想的。
Bié kàn tā píngshí bù hēng bù hā de, kàn bu chūlài hái tǐng yǒu sīxiǎng de.
그가 평소에 아무 말도 하지 않는 것만 보지 마라, 의외로 꽤나 사고가 깊다.

(3) 真没看出来, 这哪像有病的人哪!
Zhēn méi kàn chūlái, zhè nǎ xiàng yǒu bìng de rén nǎ!
정말 몰랐다, 이게 어떻게 병이 있는 사람 같으냐!

유사표현 真是没想到　真没看起来

162 看你, …

"네 꼴 좀 봐"라는 의미로 상대방의 언행에 대한 불만을 표시한다. 분노의 어기가 있다. 주로 후반 구에 불만스런 언행에 대한 내용이 있다. "你看你,…"로 쓸 수 있다.

예문

(1) 看你, 怎么这么不小心? 把我的衣服都弄脏了!
Kàn nǐ, zěnme zhème bù xiǎoxīn? Bǎ wǒ de yīfu dōu nòng zāng le!
네 꼴 좀 봐라, 어떻게 이렇게 조심성이 없니? 내 옷을 다 더럽혔다.

(2) 你看你, 不是说戒烟了吗, 怎么又抽上了?
Nǐ kàn nǐ, búshì shuō jièyānle ma, zěnme yòu chōu shàngle?
네 꼴 좀 봐라, 금연 한 거 아니었니? 왜 또 피우기 시작했어?

(3) 你看你, 让你多穿一点儿, 你就是不听, 这下感冒了吧。
Nǐ kàn nǐ, ràng nǐ duō chuān yīdiǎnr, nǐ jiùshì bù tīng, zhè xià gǎnmàole ba.
네 꼴 좀 봐, 너 옷 더 껴입으라 했는데, 듣지 않더니, 이번에 감기에 걸렸지?

163 >>>> 这下…了吧

모종의 조건과 상황 하에서 응당 모종의 상황이 나타남을 표시한다. 삽입성분은 동사구나 단문이다. 삽입성분 앞에 항상 조동사를 이용해 "당연히…"라는 의미를 표현한다.

예문 (1) 我们都按你说的做了，这下你该说话算数了吧。
Wǒmen dōu àn nǐ shuō de zuòle, zhè xià nǐ gāi shuōhuà suànshùle ba.
우리는 네가 말한대로 했는데, 이제 네가 당연히 책임을 져야 하지 않겠니.

(2) 时间到了，这下你该告诉我们了吧。
Shíjiān dàole, zhè xià nǐ gāi gàosù wǒmen le ba.
시간이 되었으니, 이제 네가 당연히 우리에게 알려줘야겠지.

(3) 这下你该相信我的话了吧。
Zhè xià nǐ gāi xiāngxìn wǒ de huà le ba.
이제 너는 내 말을 믿을 수 있겠지?

164 >>>> 看你说的

"너 이건 무슨 말이야"라는 의미로 상대가 말한 것이 불합리한 것을 표시한다. 하지만 상대에게 겸손이나 감사를 표시할 때도 사용할 수 있다. 주로 친숙한 사람 사이에 사용하고 "看你说到哪儿去了"라고 할 수도 있다.

예문 (1) 我把你那一半也给吃了。看你说的，不就是一块瓜嘛。
Wǒ bǎ nǐ nà yí bàn yě gěi chīle. Kàn nǐ shuōde, bú jiùshì yíkuài guā ma.
내가 당신의 반쪽까지 먹어버렸어요. 별말을요, 그냥 박 한 덩어리일 뿐 입니다.

(2) 听说你能扛动100公斤重的麻袋。
Tīng shuō nǐ néng káng dòng 100 gōngjīn zhòng de mádài.
듣자하니 네가 100킬로그램의 마대를 들 수 있다며?

看你说的，我又不是牛，怎么可能呢。
Kàn nǐ shuō de, wǒ yòu búshì niú, zěnme kěnéng ne.
천만에, 내가 소도 아니고 어떻게 가능해?

(3) 看(瞧)你说的，这本来就是我们应该做的嘛。
Kàn(qiáo) nǐ shuō de, zhè běnlái jiùshì wǒmen yīnggāi zuò de ma.

천만해요, 이건 우리가 마땅히 해야 할 일이였는걸요.

[유사표현] 说什么呢　怎么能这么说　说到哪儿去了

165 看谁 + 동사 ①

동사의 결과에 승복하지 않고 상대와 비교하려는 어감이 있다.

[예문] (1) 我们比一下，看谁说得好。
Wǒmen bǐ yíxià, kàn shéi shuō de hǎo.
우리 비교해서, 누가 맞는지 보자.

(2) 一年以后，咱俩再看谁干得好，怎么样?
Yī nián yǐhòu, zán liǎ zài kàn shéi gàn de hǎo, zěnme yàng?
일 년 뒤에 누가 더 잘 했는지 보자? 어때?

(3) 你要不相信，咱们秋后看谁收的粮食最多。
Nǐ yào bù xiāngxìn, zánmen qiū hòu kàn shéi shōu de liángshi zuìduō.
네가 믿지 못한다면, 우리 가을이 지나고 누가 가장 많이 수확했나 보자.

166 看谁 + 동사 ②

"누구도 …"함을 확신한다. 위협과 도전의 의미가 있다.

[예문] (1) 等事情查清楚了，看谁还敢说什么。
Děng shìqíng chá qīngchule, kàn shéi hái gǎn shuō shénme.
일이 분명해지면, 누가 감히 뭐라고 하는지 보라.

(2) 有我在，看你们谁敢走出这个门!
Yǒu wǒ zài, kàn nǐmen shéi gǎn zǒuchū zhège mén!
내가 있는데, 너희들 중 누가 이 문을 감히 나가는지 보자.

(3) 等我们成功了，看他们谁还有意见。
Děng wǒmen chénggōng le, kàn tāmen shéi hái yǒu yìjiàn.
우리가 성공하고 나서도, 그들이 또 반대를 할지 보자.

167 看我的

"내가 하지"라는 의미로 타인이 잘 하지 못한 것에 대해 내가 할 것을 주장하여 자신의 능력을 나타낸다.

예문 (1) 这件事对我来说小事一桩，看我的。
Zhè jiàn shì duì wǒ lái shuō xiǎoshì yī zhuāng, kàn wǒ de.
이 일은 나에게 작은 일이다. 내가 하지.

(2) 这有什么难的？看我的。
Zhè yǒu shéme nán de? Kàn wǒ de.
이게 어려울 것이 뭐있나, 내가 하는걸 봐라.

(3) 拿这点东西还用得着叫人吗？看我的。
Ná zhè diǎn dōngxi hái yòng de zháo jiào rén ma? Kàn wǒ de.
이 정도의 물건을 옮기는데 사람을 부를 필요 뭐 있나, 나를 봐라.

유사표현 让我来吧(내가 하지)

168 看着A吧

"알아서 …하다"라는 의미로 상대로 하여금 경험과 희망에 근거하여 결정하거나 처리하도록 함을 말한다. 이때 A는 주로 단음절 동사가 온다.

예문 (1) 情况你都知道，你就看着写吧。
Qíngkuàng nǐ dōu zhīdào, nǐ jiù kànzhe xiě ba.
상황을 네가 다 알고 있으니, 당신이 알아서 쓰세요.

(2) 这东西也值不了几个钱，你看着给吧。
Zhè dōngxi yě zhí bu liǎo jǐ gè qián, nǐ kànzhe gěi ba.
이 물건은 얼마 되지도 않는데, 네가 알아서 줘라.

(3) 你是负责人，你看着办吧，只要大家满意就行。
Nǐ shì fùzé rén, nǐ kànzhe bàn ba, zhǐyào dàjiā mǎnyì jiùxíng.
네가 책임자니, 네가 알아서 처리해라. 모두가 만족하기만 하면 된다.

169 >>>> 亏你(们) …

주로 상대를 책망할 때 사용하며 "유감이다"라는 의미를 표현한다. 때로는 풍자의 의미가 있다. 뒤에 동사 혹은 동사구가 온다.

예문 (1) 亏你长这么大，连这个道理都不懂。
Kuī nǐ zhǎng zhème dà, lián zhège dàolǐ dōu bù dǒng.
네가 이렇게 컸는데도, 이 도리조차도 모르다니 유감이다.

(2) 你太太病了，你都不知道？亏你还是她老公呢。
Nǐ tàitai bìngle, nǐ dōu bù zhīdào? Kuī nǐ háishi tā lǎogōng ne.
당신 부인이 아픈데, 당신은 모른다고요? 당신이 그녀의 남편이라는 게 유감이다.

(3) 什么朋友嘛，亏他们说出这种话来。
Shénme péngyou ma, kuī tāmen shuō chū zhè zhǒng huà lái.
친구는 무슨 친구냐, 그들이 이런 말을 할 수 있다는 게 유감스럽다.

170 >>>> 这下倒好

"큰일 났네"란 의미로 현 상황이 이전만 못함을 표시한다. 후회하는 감정이 있다. 혹은 반어법으로 "这下可好", "现在可好", "现在倒好"로도 쓸 수 있다. 경우에 따라 "下"는 생략이 가능하다.

예문 (1) 这孩子，原来不出门，这下可好，一出去就不想回来了。
Zhè háizi, yuánlái bù chūmén, zhè xià kěhǎo, yī chūqù jiù bù xiǎng huíláile.
이 아이, 원래 안 나갔는데, 큰일이야, 나가면 들어올 생각을 안 한다.

(2) 本想让你来帮忙，这下倒好，你越帮越忙。
Běn xiǎng ràng nǐ lái bāngmáng, zhè xià dàohǎo, nǐ yuè bāng yuè máng.
원래 네게 도와달라고 하려 했는데, 큰일 났네, 오히려 네가 도와줄수록 더 바빠진다.

(3) 当初让你买你不买，现在可好，又涨价了。
Dāngchū ràng nǐ mǎi nǐ bù mǎi, xiànzài kěhǎo, yòu zhǎng jiàle.
처음에 너보고 사라고 했을 때 사지 않더니, 큰일이네 또 가격이 올랐다.

유사표현 这下可好　现在可好　现在倒好

171 〉〉〉〉 这下可A了

조건이나 동작의 결과를 표시한다. 이때 A는 형용사, 동사 혹은 동사성 구문이 온다.

(1) 我把你的电话本搞丢了。这下可麻烦了，好多人没法联系了。
Wǒ bǎ nǐde diànhuà běn gǎo diūle. Zhè xià kě máfanle, hǎoduōrén méifǎ liánxì le.
네 전화번호부를 잃어버렸어. 귀찮아졌네, 많은 사람과 연락할 수 없게 됐다.

(2) 这下可好了，我们可以一起玩儿喽!
Zhè xià kě hǎole, wǒmen kěyǐ yīqǐ wánr lóu!
잘됐다. 우리 같이 놀 수 있겠다.

(3) 这下可有救了，我们再坚持一会儿吧。
Zhè xià kě yǒujiùle, wǒmen zài jiānchí yī huǐr ba.
이제 살 수 있겠네, 우리 조금만 더 견뎌보자.

172 〉〉〉〉 没那么便宜

사건이 당사자가 생각한 것처럼 그렇게 간단하지 않음을 표시한다. 주로 분노나 불만의 의미로 상대의 행동에 대해 불만을 표시할 때 사용한다.

(1) 只说声对不起就完了? 没那么便宜!
Zhǐ shuō shēng duìbuqǐ jiù wánle? Méi nàme piányi!
미안하다고만 한마디 하면 다야? 일이 그렇게 간단해!

(2) 钱是大家挣的，你想怎么花就怎么花，没那么便宜!
Qián shì dàjiā zhēngde, nǐ xiǎng zěnme huā jiù zěnme huā, méi nàme piányi!
돈은 모두가 벌었는데, 네가 쓰고 싶은 대로 쓰는 게 말이나 되는 소리냐?

(3) 他想赔你三块钱。没那么便宜!
Tā xiǎng péi nǐ sān kuài qián. Méi nàme piányi!
그는 네게 3원을 배상하려해. 그게 말이나 돼!

173 〉〉〉〉 明明A, 还B

매우 확실한 상황에서 하지 말아야 할 일을 했거나, 있어서는 안 되는 결과가 나온 것을 표시한다. 불만의 의미가 있다. 이때 A는 매우 명확한 상황을 표시한다. 동사구가 오고 B는 해서는 안 되는 일이나 있어서는 안 되는 결과가 나온 것을 표시하며 주로 동사성 구문이 온다.

예문 (1) 他明明踩了我的脚，还说没踩。
Tā míngmíng cǎile wǒ de jiǎo, hái shuō méi cǎi.
그는 분명히 나의 발을 밟았는데, 안 밟았다고 한다.

(2) 你明明知道我走不动，还让我去那个地方，你什么意思?
Nǐ míngmíng zhīdào wǒ zǒu bu dòng, hái ràng wǒ qù nàge dìfāng, nǐ shénme yìsi?
너는 분명히 내가 못 걷는걸 알면서, 나보고 그곳에 가라고 하다니, 무슨 의도냐?

(3) 我明明看见你们一块儿去的，你还不承认?
Wǒ míngmíng kànjiàn nǐmen yíkuàir qùde, nǐ hái bù chéngrèn?
내가 분명히 너희가 같이 가는 것을 봤는데, 넌 왜 인정하지 않니?

174 明知A, 也不B

모종 상황 하에서 응당 해야 할 일을 하지 않은 것을 표시한다. 불만의 의미를 포함한다. 이때 A는 매우 분명한 상황을 표시하며 주로 동사구가 온다. B는 응당 해야 할 일을 표시하며 주로 동사구가 온다.

예문 (1) 他明知对不起我，也不向我道歉。
Tā míngzhī duìbuqǐ wǒ, yě bú xiàng wǒ dào qiàn.
그는 나에게 미안해해야하는데, 나에게 사과 하지 않는다.

(2) 你为什么明知他做错了，也不提醒他一下?
Nǐ wèishéme míngzhī tā zuò cuòle, yě bù tíxǐng tā yíxià?
너는 왜 그가 틀렸다는 것을 알면서도 그에게 알려주지 않았니?

(3) 他明知你现在有困难，也不来帮你，太不够意思了!
Tā míngzhī nǐ xiànzài yǒu kùnnán, yě bù lái bāng nǐ, tài búgòu yìsile!
그는 네가 지금 어려운 걸 알면서도 와서 도와주지 않니? 정말 서운하다!

175 哪儿的话

그렇게 겸손할 필요가 없음을 표시한다. 대화에서 주로 상대방이 자신에게 감사와 미안을 표시할 때 사용한다. 겸양의 의미가 있다.

예문 (1) 哪儿的话，正好顺路嘛，再说车空着也是空着。
　　　　Nǎr de huà, zhènghǎo shùnlù ma, zàishuō chē kōngzhe yěshì kōngzhe.
　　　　별말씀을, 가는 길이였는걸, 게다가 차도 비어있었고 말이야.

(2) 哪儿的话，这钱本来就是你们的嘛!
　　　Nǎr dehuà, zhè qián běnlái jiùshì nǐmen de ma!
　　　별말씀을, 이 돈은 원래 너희 돈이었는걸.

(3) 真不好意思，让您费心了。哪儿的话。费不了什么事儿。
　　　Zhēn bù hǎoyìsi, ràng nín fèixīnle. Nǎr dehuà. fèi bu liǎo shénme shìr.
　　　정말 미안해요, 신경을 쓰시게 했어요. 천만해요, 무슨 신경 쓸 일인가요.

유사표현　哪儿啊　客气什么

176 哪儿跟哪儿啊

상대의 말이 방금 말한 것과 아무 관계가 없음을 표시한다. 이때 앞에 "这是"를 첨가할 수 있다. 혹은 상대의 말을 부정할 때도 사용한다.

예문 (1) 结果是贫血，医生却让我去肛肠科检查，这是哪儿跟哪儿呀?
　　　　Jiéguǒ shì pínxiě, yīshēng què ràng wǒ qù gāngcháng kē jiǎnchá, zhè shì nǎr gēn nǎr ya?
　　　　결과는 빈혈인데, 의사는 나에게 항문외과로 가서 검진하라니, 이게 말이 되는 거야?

(2) 王兵不是出差了吗? 这是哪儿跟哪儿呀，我们在说刚分来的那个王冰。
　　　Wáng Bīng búshì chūchāile ma? Zhè shì nǎr gēn nǎr ya, wǒmen zài shuō gāng fēn lái dì nàgè Wáng Bīng.
　　　왕빙 출장 간 거 아니었어? 무슨 말을 하는 거야, 우리는 방금 배치된 왕빙을 말하는 거야.

(3) 他就是新来的局长? 这是哪儿跟哪儿啊，他是我的同学。
　　　Tā jiùshì xīn láide júzhǎng? Zhè shì nǎr gēn nǎr a, tā shì wǒde tóngxué.
　　　그가 바로 새로 온 국장이니? 무슨 말 하는 거야. 그는 내 학우야.

유사표현　这是两码事儿

177 哪能啊

"그게 어떻게 가능해?"라는 의미로 불가능이나 상대방의 말을 부정한다. 반문의 어기가 있다. 대화에서 주로 답변에 사용한다.

예문 (1) 以后发了财，可别忘了我们啊。哪能啊！
Yǐhòu fāle cái, kě bié wàngle wǒmen a. Nǎ néng a!
이후에 부자가 되면, 우리를 있으면 안 돼. 어떻게 그래!

(2) 哪能啊，我们去玩儿还能不叫上你?
Nǎ néng a, wǒmen qù wánr hái néng bú jiào shàng nǐ?
그게 어떻게 가능해? 우리가 놀러 가는데 너를 안부를 리가 있겠어?

(3) 我家邻居买了辆车，才两万来块钱。
Wǒjiā línjū mǎile liàng chē, cái liǎng wàn lái kuài qián.
우리 이웃이 차를 한 대 샀는데 2만원 돈 밖에 안 줬대.

哪能啊，恐怕是二手车吧。
Nǎ néng a, kǒngpà shì èrshǒu chē ba.
그게 어떻게 가능해? 아마 중고차겠지.

유사표현 怎么会呢 怎么可能呢

178 哪能说/想A 就A (啊/呢)

불가능이나 혹은 말한 바에 따라 할 수 없거나 혹은 쉽게 결정할 수 없음을 표시한다. 이때 A는 동사 혹은 동사구가 온다. 그리고 "哪"는 "怎么", "咋"와 교환가능하고 "说"는 경우에 따라서 "想"과 교환가능하다. 또 "啊"와 "呢"는 교환가능하고 때로는 생략할 수도 있다.

예문 (1) 事情还没完，他哪能说走就走(啊)。
Shìqíng hái méiwán, tā nǎ néng shuō zǒu jiù zǒu (a).
일이 끝나지 않았는데, 그가 가고 싶다고 갈 수 있겠느냐?

(2) 这是个集体，是有纪律的，怎么能想干什么就干什么呢?
Zhè shìge jítǐ, shì yǒu jìlǜde, zěnme néng xiǎng gàn shénme jiù gàn shénme ne?
이건 집단이고, 규율이 있는데 하고 싶은 걸 다 할 수 있겠느냐?

(3) 去西藏要作许多准备, 咋能想去就去呢?
　　Qù Xīzàng yào zuò xǔduō zhǔnbèi, zǎ néng xiǎng qù jiù qù ne?
　　티벳을 가려면 많은 준비를 해야 하는데, 가고 싶다고 갈 수 있느냐?

[유사표현] 不能⋯　不应该⋯

179 >>>> 哪有A那么(这么)B的

어떤 사람의 언행이 부적합함을 표시한다. 항상 불만의 어기를 갖는다. 이때 A는 제2인칭 혹은 제3인칭대명사 혹은 사람을 가리키는 명사성 단어가 오고 B는 동사 혹은 동사구가 온다.

[예문] (1) 你看看哪有你这么干活儿的? 到处都是水。
　　　　Nǐ kànkan nǎ yǒu nǐ zhème gàn huór de? Dàochù dōu shì shuǐ.
　　　　누가 너처럼 이렇게 일하냐? 여기저기가 다 물이다.

(2) 哪有你们这么打扫卫生的? 跟没打扫差不多。
　　Nǎ yǒu nǐmen zhème dǎsǎo wèishēng de? Gēn méi dǎsǎo chàbuduō.
　　너처럼 이렇게 청소하는 사람이 어디 있니, 청소 안한 거랑 같네.

(3) 哪有他那么说话的?
　　Nǎ yǒu tā nàme shuōhuà de?
　　그처럼 그렇게 말하는 사람이 어디 있나?

[유사표현] 没有⋯ 的

180 >>>> 这算什么

반문구로 "별로 대단하지 않음"을 표시한다. "무시"나 "경시"의 의미가 있다. 혹은 "这有什么"로도 쓸 수 있다.

[예문] (1) 这算什么, 我们家乡的西瓜比这还甜。
　　　　Zhè suàn shéme, wǒmen jiāxiāng de xīguā bǐ zhè hái tián.
　　　　이게 뭐 대단해, 우리 고향의 수박은 여기보다 더 달다고.

(2) 这有什么, 我的同学前几年就开上自己的车了。
　　Zhè yǒu shéme, wǒ de tóngxué qián jǐ nián jiù kāi shàng zìjǐde chē le.
　　그게 뭐 대단하니, 내 친구들은 몇 년 전부터 자기 차를 몰고 다녔는걸.

(3) 这算什么，我还能背二百个呢。
　　Zhè suàn shéme, wǒ hái néng bèi èrbǎi gè ne.
　　그게 뭐 대단해, 나는 200개도 외울 수 있어.

[유사표현] 这有什么　这有什么了不起

181 那得(要)看…

당시의 구체적 상황에 근거하여 결정을 한다. 후반에 항상 의문구나 혹은 정반의 의문구 형식이 온다.

[예문] (1) 星期天咱们去爬山吧。那得看天气怎么样了。
　　　　Xīngqītiān zánmen qù páshān ba. Nà děi kàn tiānqì zěnme yàngle.
　　　　일요일에 우리 등산가자. 그 때 날씨가 어떨지 보자.

(2) 那要看你买什么牌子，什么款式的了。
　　Nà yào kàn nǐ mǎi shénme páizi, shénme kuǎnshì dele.
　　그건 네가 어떤 브랜드, 어떤 스타일을 살지 봐야지.

(3) 她到底去不去啊？那要看她高兴不高兴了。
　　Tā dàodǐ qù bú qù a? Nà yào kàn tā gāoxìng bú gāoxìng le.
　　그녀는 도대체 가는 거야 마는 거야? 그건 기분이 좋은지 나쁜지를 봐야해.

[유사표현] 看情况　到时候再说

182 那还A得了

출현이 불가능한 어떤 상황을 표시하거나 혹은 어떤 일을 할 수 없음을 표현한다. 이때 "还"자 앞에 인칭대명사를 삽입할 수 있다. A는 동사 혹은 형용사가 온다. 주로 반문의 문장에 사용한다.

[예문] (1) 他是亲口对我说的，那还错得了？
　　　　Tā shì qīnkǒu duì wǒ shuō de, nà hái cuò de liǎo?
　　　　그가 나에게 직접 얘기 한 건데, 그건 틀릴 리가 없어.

(2) 那你还去得了？看来，西藏这次你是去不成了。
　　Nà nǐ hái qù de liǎo? Kàn lái, Xīzàng zhè cì nǐ shì qù bu chéng le.
　　그럼 갈 수 있겠어? 보아하니 티벳은 이번에 너 못 가겠구나.

(3) 那是真的吗? 那还假得了? 通知书都来了。
　　Nà shì zhēnde ma? Nà hái jiǎ de liǎo? Tōngzhī shū dōu láile.
　　그게 사실이야? 그럼 그게 가짜겠어? 통지서도 왔는걸.

[유사표현] 不可能…　那就不能…

183 ⟩⟩⟩⟩ (那)还A 什么

필요가 없거나 혹은 어떤 일을 할 수 없음을 표시한다. 이때 "那"는 경우에 따라 생략할 수도 있다. A 는 동사 혹은 동사구가 오고 주로 반문의 문장에 사용한다.

[예문] (1) 他什么都不知道, 那我还问什么?
　　Tā shénme dōu bù zhīdào, nà wǒ hái wèn shénme?
　　그는 아무것도 모르는데, 내가 뭘 물어보니?

(2) 活儿都干完了, 还让他们去干什么?
　　Huór dōu gàn wánle, hái ràng tāmen qù gàn shénme?
　　일도 다 끝났는데, 그들보고 가라고해서 뭐해?

(3) 我觉得他们没有诚意。没诚意还合作什么?
　　Wǒ juédé tāmen méiyǒu chéngyì. Méi chéngyì hái hézuò shénme?
　　내가 느끼기엔 그들은 성의가 없다. 성의가 없는데 무슨 협력이야?

[유사표현] 不可能…　那就没必要…

184 ⟩⟩⟩⟩ 那还用说(吗)

상황이 매우 확실해 다시 언급할 필요가 없음을 표시한다. 반문의 어기를 갖는다. 주로 대답에 사용하고 "吗"자를 생략할 수 있다.

[예문] (1) 你需要帮忙, 就给我打电话。那还用说(吗)?
　　Nǐ xūyào bāng máng, jiù gěi wǒ dǎ diànhuà. Nà hái yòng shuō (ma)?
　　너 도움이 필요하면, 나에게 전화 해. 그걸 말이라고 해?

(2) 那种场合少不了他。那还用说。
　　Nà zhǒng chǎnghé shào bu liǎo tā. Nà hái yòng shuō.
　　그런 장소에는 그가 빠질 수 없지. 그걸 말이라고 해?

(3) 音乐会你到底去不去? 那还用说, 票都买好了。
Yīnyuè huì nǐ dàodǐ qù bú qù? Nà hái yòng shuō, piào dōu mǎi hǎole.
음악회에 너 갈거니? 그걸 말이라고 해? 표도 이미 샀는걸.

유사표현 肯定… 还用问吗?

185 那哪行啊

상대의 의견에 대한 반대를 표시한다. 말할 때 태도가 강력하고 어감이 강하다.

예문 (1) 咱们玩儿个通宵怎么样? 那哪行啊! 我明天还有事呢。
Zánmen wánr gè tōngxiāo zěnme yàng? Nà nǎ xíng a! Wǒ míngtiān hái yǒushì ne.
우리 밤새 노는 게 어때? 그게 어떻게 가능해? 나 내일 일이 있단 말이야.

(2) 咱们用这些钱做个生意吧?
Zánmen yòng zhèxiē qián zuò gè shēngyi ba?
우리 이 돈으로 비즈니스나 할까?

那哪行啊! 我还要用这些钱学门手艺呢。
Nà nǎ xíng a! Wǒ hái yào yòng zhèxiē qián xué mén shǒuyì ne.
그건 안 돼, 나 이 돈으로 수예를 배울 거란 말이야.

(3) 你干脆辞职吧。那哪行啊, 哪能说辞职就辞职?
Nǐ gāncuì cízhí ba. Nà nǎ xíng a, nǎ néng shuō cízhí jiù cízhí?
너 차라리 사직하지. 그게 어떻게 가능해? 어떻게 함부로 사직운운 하니?

유사표현 那可不行

186 这是从哪儿说起呀

상대가 한 말이 근거가 없거나 혹은 응당 이렇게 말해서는 안 됨을 표시하며 불만과 부정의 어기가 있다. 주로 답변에 사용하여 상대의 의심에 대한 해명을 한다.

예문 (1) 这是从哪儿说起呀, 她还没男朋友呢。
Zhè shì cóng nǎr shuō qǐ ya, tā hái méi nán péngyou ne.
그게 어디서 나온 소리야? 그녀는 남자친구도 없는걸.

(2) 这是从哪儿说起呀, 是他叫我去逛街, 逛完街就一起吃了顿饭。
Zhè shì cóng nǎr shuō qǐ ya, shì tā jiào wǒ qù guàngjiē, guàng wán jiē jiù yīqǐ chīle

dùn fàn.
그게 무슨 말이야, 그가 나를 불러 쇼핑하고, 쇼핑 후 같이 밥을 먹은 것뿐이야.

(3) 这是从哪儿说起呀, 我昨天一直在家, 哪儿都没去。
Zhè shì cóng nǎr shuō qǐ ya, wǒ zuótiān yīzhí zàijiā, nǎr dōu méi qù.
이게 어디서 나온 말이야, 나는 어제 계속 집에서 있고 어디도 가지 않았어.

유사표현 哪儿啊

187 >>>> 能A就A

최대한으로 행동하는 것을 표시한다. 이때 A는 동사 혹은 동사구가 온다.

예문 (1) 这几天确实很忙, 但我能去就去。
Zhè jǐ tiān quèshí hěn máng, dàn wǒ néng qù jiù qù.
요 며칠 확실히 바쁜데, 내가 갈 수만 있으면 갈게.

(2) 你办法多, 能帮就帮他一下。
Nǐ bànfǎ duō, néng bāng jiù bāng tā yíxià.
네가 방법이 많으니, 그를 도울 수 있으면 도와줘라.

(3) 不要怕疼, 能走就走一走, 这对你康复有好处。
Búyào pà téng, néng zǒu jiù zǒu yī zǒu, zhè duì nǐ kāngfù yǒu hǎochù.
아플까봐 두려워하지 말고, 걸을 수 있으면 좀 걸어라, 이게 건강회복에 도움이 된다.

유사표현 尽量… (가능한 한)

188 >>>> 能A就行

"…하기 만 하면 된다."는 의미로 조건이 많거나 어렵지 않아 모종의 조건을 만족할 수만 있으면 되는 것을 표시한다. 이때 A는 동사 혹은 동사구가 온다.

예문 (1) 你找什么样的保姆? 能做家务就行。
Nǐ zhǎo shénme yàngde bǎomǔ? Néng zuò jiāwù jiùxíng.
너는 어떤 보모를 찾으려고 하니? 집안일을 할 줄 알면 된다.

(2) 我想买的手机, 能通话, 发短信就行。
Wǒ xiǎng mǎi de shǒujī néng tōnghuà, fā duǎnxìn jiùxíng.
내가 사려는 휴대폰은 통화가 되고, 문자만 보낼 수 있으면 된다.

(3) 房子小了点儿。没关系，只要能住就行。
Fángzi xiǎole diǎnr. Méiguānxi, zhǐyào néng zhù jiùxíng.
집이 좀 작다. 상관없다. 살 수만 있으면 된다.

[유사표현] 只要…, 就…

189 >>>> 能不A就不A

어떤 행동을 할 수 있지 않으면 최대한 하지 않는 것을 표시한다. 이때 A는 동사 혹은 동사구가 온다.

[예문] (1) 最近比较忙，他那儿我能不去就不去了。
Zuìjìn bǐjiào máng, tā nàr wǒ néng bú qù jiù bú qùle.
요새 좀 바빠서, 그에게 가지 않을 수 있으면 가지 않겠다.

(2) 因为怕出意外，各种活动现在能不搞就不搞了。
Yīnwèi pà chū yìwài, gè zhǒng huódòng xiànzài néng bù gǎo jiù bù gǎole.
뜻밖의 사고가 날까 무서워서, 각종 활동들을 현재 하지 않을 수 있으면 안하고 있다.

(3) 天这么冷，人们能不出门就不出门了。
Tiān zhème lěng, rénmen néng bù chūmén jiù bù chūménle.
날씨가 이렇게 추워서, 사람들이 집에서 안 나올 수 있으면 안 나온다.

[유사표현] 尽量不… (최대한…하지 않다)

190 >>>> 能…才怪(呢)

모종의 상황이 발생하는 것을 믿지 않음을 표시한다. 이때 "呢"는 경우에 따라 생략할 수도 있다.

[예문] (1) 就你现在这种方法，能学好英语才怪呢。
Jiù nǐ xiànzài zhè zhǒng fāngfǎ, néng xuéhǎo Yīngyǔ cái guài ne.
너의 이러한 방법으로, 영어를 잘 배울 수 있는 게 이상하지.

(2) 碰到好吃的就管不住自己了，这样能减肥才怪。
Pèng dào hào chī de jiù guǎn bú zhù zìjǐle, zhèyàng néng jiǎnféi cái guài.
맛있는 걸 보면 스스로를 통제할 수 없는데, 살을 뺄 수 있다는 게 이상하지.

(3) 就你现在这个样子，不吃药病能好才怪呢。
Jiù nǐ xiànzài zhège yàngzi, bù chī yào bìng néng hǎo cái guài ne.
너의 지금 이대로, 약을 안 먹고 병이 낫는다는 게 이상하지.

유사표현 一定不会⋯ 不可能⋯

191 〉〉〉〉 (你)才A呢

사람이나 사건의 정도가 더욱 진일보함을 표시한다. 때로는 분노와 불만을 표시한다. 이때 "你"자는 다른 인칭대명사로도 대체할 수 있다. A는 주로 형용사 혹은 형용사구문이 온다.

예문 (1) 我才不顺呢，不但没赚钱，还亏了三万。
Wǒ cái bú shùn ne, búdàn méi zhuànqián, hái kuīle sān wàn.
내가 진짜 순탄하지 않은 거지, 돈을 못 벌었다 뿐이냐, 3만원 손해 봤다.

(2) 王华才惨呢，都患重感冒住院了。
Wáng Huá cái cǎn ne, dōu huàn zhòng gǎnmào zhù yuànle.
왕화가 더 참담하지, 독감에 걸려 입원까지 했는걸.

(3) 你才不像话呢！说好的事儿你怎么就变卦了？
Nǐ cái bú xiàng huà ne! Shuō hǎo de shìr nǐ zěnme jiù biàn guàle?
너 말도 안 돼. 한다고 하고 너 왜 변했어?

192 〉〉〉〉 你等着(瞧)

상대에게 갈등이나 다툼이 이렇게 끝날 수 없음을 경고하는 의미가 있다. 혹은 상대에게 자신이 장래에 어떤 면에서 그를 능가할 수 있음을 말한다. 경고의 어감이 있다. "你等着", "等着瞧"로도 표현할 수 있다.

예문 (1) 我总有一天也让你尝尝这种滋味，你就等着吧！
Wǒ zǒngyǒu yītiān yě ràng nǐ cháng cháng zhè zhǒng zīwèi, nǐ jiù děngzhe ba!
내가 언젠간 너에게 이런 맛을 보여주마. 두고 보자!

(2) 你等着瞧，我一定会超过你的！
Nǐ děngzhe qiáo, wǒ yídìng huì chāoguò nǐ de!
두고 봐라, 내가 반드시 너를 넘어설 것이다.

(3) 你等着，有本事明年咱们再来比试比试!
Nǐ děngzhe, yǒu běnshi míngnián zánmen zàilái bǐshì bǐshì!
두고 봐라, 능력이 있으면 내년에 우리 다시 겨루자.

[유사표현] 你给我小心点儿

193 ▶▶▶▶ (你)还别说

삽입어는 모종 주장에 찬성을 표시하거나 혹은 어떤 사실을 긍정한다. 때로는 "还别说", "也别说", "别说"를 사용할 수 있다.

[예문] (1) 味道不错吧? 你还别说，这饼子还真好吃。
Wèidào búcuò ba? Nǐ hái bié shuō, zhè bǐngzi hái zhēn hǎo chī.
맛이 괜찮지? 생각지도 못하게, 이 전병 정말로 맛있다.

(2) 这地方还可以吧? 你还别说，这正是我想要的地方。
Zhè dìfāng hái kěyǐ ba? Nǐ hái bié shuō, zhè zhèngshì wǒ xiǎng yàode dìfāng.
이 곳 정말 좋지? 말도 마, 여기가 바로 내가 원하는 곳이야.

(3) 那种药到底管用不管用? 还别说，那药还真管用。
Nà zhǒng yào dàodǐ guǎnyòng bù guǎnyòng? Hái bié shuō, nà yào hái zhēn guǎn yòng.
그 약이 잘 듣니? 말도 마, 그 약이 정말 잘 들어.

(4) 你看，开始下雨了。还别说，今天天气预报报得还挺准的。
Nǐ kàn, kāishǐ xià yǔle. Hái bié shuō, jīntiān tiānqì yùbào bàode hái tǐng zhǔn de.
봐봐, 비가오기 시작했어. 그러게, 오늘 일기예보가 꽤나 정확한걸.

[유사표현] 确实这样　果真如此

194 ▶▶▶▶ 这你就不懂了

"이것도 모릅니까?"라는 의미로 상대가 상황을 이해하지 못함을 표시한다. 후반에 상대의 질문에 대한 해석이 온다. 제3인칭이 올 수도 있다.

[예문] (1) 这你就不懂了，"福"字倒着贴的意思是"福倒(到)了"，就是说"福"来到家里了。
Zhè nǐ jiù bù dǒngle, "fú" zì dàozhe tiēde yìsi shì "fú dào(dào) le", jiùshì shuō "fú" lái dào jiālǐle.

너는 이것도 모르니, '복'자를 뒤집어서 붙이면 복이 뒤집혔다(도착했다)는 뜻이고, 즉 '복'이 집안으로 왔다는 얘기야.

(2) 这你就不懂了, 那里昼夜温差大, 夜里特别冷。
Zhè nǐ jiù bù dǒngle, nàlǐ zhòuyè wēnchā dà, yèlǐ tèbié lěng.
네가 몰라서 하는 소리야, 이곳의 밤낮기온차가 커서 밤에는 매우 추워.

(3) 他问你们这里的米饭为什么要放羊肉?
Tā wèn nǐmen zhèlǐ de mǐfàn wèishéme yào fàng yángròu?
그가 너희 이 지역의 밥에는 왜 양고기가 들어가는지 물어보는데?

这他就不懂了, 这就是新疆风味的抓饭, 特别好吃。
Zhè tā jiù bù dǒng le, zhè jiùshì Xīnjiāng fēngwèide zhuā fàn, tèbié hǎo chī.
그가 몰라서 하는 말이야, 이게 신장별미인 '抓飯'이야, 진짜 맛있어.

195 你(们)A 你(们) 的

상대에게 지금 한 일을 계속 하도록 하거나 때로는 각자 상관없이 일을 함을 표시한다. 이때 "你(们)"은 다른 인칭대명사와 바꾸어 사용할 수 있고, A는 동사성 단어로 "첫 번째"라는 의미를 표시할 때 A 앞에 시간부사 "先"을 사용할 수 있다.

예문 (1) 你忙你的, 家里有我呢。
Nǐ máng nǐ de, jiā li yǒu wǒ ne.
네 일이나 봐. 집에는 내가 있잖아.

(2) 你们吃你们的, 我的事不急。
Nǐmen chī nǐmen de, wǒ de shì bù jí.
너희 할 일 해, 내 일은 급하지 않아.

(3) 他说他的, 我干我的, 等我干出点儿名堂来, 看他, 还说什么。
Tā shuō tā de, wǒ gàn wǒ de, děng wǒ gàn chū diǎnr míngtáng lái, kàn tā, hái shuō shénme.
그는 자신의 일을, 나는 내 할 일을 해서, 내가 성과를 내면 그가 무슨 말을 더 할까.

유사표현 继续… 各干各的

196 你(们) 给我…

상대방에게 자기의 명령을 복종하도록 만듦. 명령, 경고 혹은 위협의 어기가 있다. 뒤에 주로 동사구가 오고 제2인칭 "你(们)"은 경우에 따라 생략도 가능하다.

예문 (1) 你给我老实待着，哪儿也别去，听到没有?
　　　　Nǐ gěi wǒ lǎoshi dàizhe, nǎr yě bié qù, tīng dào méiyǒu?
　　　　너 얌전히 기다려, 어디에도 가지 마, 알아들었어?

(2) 都给我好好儿干，等我赚了钱，亏不了你们。
　　Dōu gěi wǒ hǎohāor gàn, děng wǒ zhuànle qián, kuī bu liǎo nǐmen.
　　일이나 잘 해, 내가 돈 벌면 너희를 잊지 않을게.

(3) 你给我等着，看我明天怎么收拾你!
　　Nǐ gěi wǒ děngzhe, kàn wǒ míngtiān zěnme shōushí nǐ!
　　너 여기서 기다려, 내가 내일 어떻게 너를 벌줄지 봐라.

197 〉〉〉〉 你(们)再 + 동사

상대의 모종 언행을 금지함을 표시한다. 때로는 위협과 공갈의 어기가 있다. 삽입 성분은 동사 혹은 동사구가 온다. 제2인칭 대명사는 경우에 따라 생략할 수 있다.

예문 (1) 你再骂一声试试，看我不打死你!
　　　　Nǐ zài mà yīshēng shì shì, kàn wǒ bù dǎ sǐ nǐ!
　　　　너 다시 한 번 욕해봐, 내가 널 때려죽이지 않는지 봐라!

(2) 你再哭! 妈妈不要你了!
　　Nǐ zài kū! Māma búyào nǐle!
　　너 더 울면, 엄마는 너를 버릴 거야!

(3) 你再给我说一遍! 就是你拿的! 你还不承认?
　　Nǐ zài gěi wǒ shuō yíbiàn! Jiùshì nǐ ná de! Nǐ hái bù chéngrèn?
　　너 다시 한 번 말해봐! 네가 가져갔잖아! 너 왜 인정하지 않아?

198 〉〉〉〉 你说A不A

말하는 사람이 상대방의 동의를 얻기를 희망한다. 불만과 어쩔 수 없다는 의미를 포함한다. 이때 A는 형용사 동사 혹은 동사구가 온다.

예문 (1) 火车马上就开了，他还没来，你说着急不着急。
　　　　Huǒchē mǎshàng jiù kāile, tā hái méi lái, nǐ shuō zháojí bù zháojí.
　　　　기차가 곧 출발하려는데, 그는 아직 오지 않았다, 이게 급하지 않을 일이니?

(2) 说了半天，他就是不答应，你说气人不气人。
　　Shuōle bàntiān, tā jiùshì bù dāying, nǐ shuō qì rén bú qì rén.
　　하루 종일 말했는데, 그는 대답하지 않았다. 내가 화를 안내게 생겼니?

(3) 你说倒霉不倒霉，我好不容易把钱凑齐了，他却把房子卖给了别人。
　　Nǐ shuō dǎoméi bù dǎoméi, wǒ hǎo bù róngyì bǎ qián còu qíle, tā què bǎ fángzi mài gěile biérén.
　　재수가 있는 건지 없는 건지, 내가 겨우 돈을 모았는데, 그가 오히려 다른 사람에게 집을 팔아 버렸다.

[유사표현] 真…啊　确实…

199 >>>> 这么一来, 就…

"이렇게 되면"이란 의미로 다음 문장을 끌어낸다. 삽입어로 대답에 주로 사용하고 "这样一来"로도 쓸 수 있다.

(1) 孩子要上中学了。这么一来，我就更忙了。
　　Háizi yào shàng zhōngxuéle. Zhème yī lái, wǒ jiù gèng mángle.
　　아이가 중학교에 들어가려하는데, 이렇게 되면, 나는 더 바빠지겠네.

(2) 这么(这样)一来，他的担子就更重了。
　　Zhème(zhèyàng) yī lái, tā de dànzi jiù gèng zhòngle.
　　이렇게 되면, 그의 책임이 더 중요해지겠네.

(3) 这样一来，事情就好办了。
　　Zhè yàng yī lái, shìqíng jiù hǎo bànle.
　　이렇게 되면 일이 더 쉬워지겠군.

[유사표현] 这样, 就…

200 >>>> 这叫什么事儿阿

"이게 도대체 뭐냐?"라는 의미로 이미 발생한 상황에 대해 매우 큰 불만을 표시한다. "你说这叫什么事儿啊"로도 말할 수 있다.

(1) 光为了找他，我就跑了六趟，这叫什么事儿啊！
　　Guāng wèile zhǎo tā, wǒ jiù pǎole liù tàng, zhè jiào shénme shìr a!

오직 그를 찾기 위해, 나는 여섯 번이나 왔다 갔다 했어, 이게 뭐하는 짓이냐!

(2) 这叫什么事儿啊！夜里邻居的小孩儿闹个不停，我一夜都没睡好。
Zhè jiào shénme shìr a! Yèlǐ línjūde xiǎo háir nào gè bù tíng, wǒ yíyè dōu méi shuì hǎo.
이게 뭐하는 짓이냐! 밤에 이웃집의 아이가 계속 시끄럽게 굴어서 나는 밤새 제대로 자지 못했다.

(3) 刚回到家就接到电话，让我去一趟单位，你说这叫什么事儿啊！
Gāng huí dào jiā jiù jiēdào diànhuà, ràng wǒ qù yí tàng dānwèi, nǐ shuō zhè jiào shénme shìr a!
집에 도착하자마자 전화를 받았는데, 회사를 다녀오라니, 이게 도대체 뭐야?

유사표현 真是的

201 >>>> 你问我, 我问谁

"자신은 모름" 혹은 상대가 자신에게 묻지 말아야 한다는 것을 표시한다. 때로는 분노나 귀찮다는 어기를 포함한다. 주로 반문 구에 사용하고 태도가 비교적 딱딱하다.

예문 (1) 你问我, 我问谁呀? 整天丢三落四的!
Nǐ wèn wǒ, wǒ wèn shéi ya? Zhěng tiān diūsān làsì de!
네가 나에게 물어보면 나는 누구한테 물어보니? 온종일 정신없이 돌아다니더니!

(2) 队长, 你说这事该怎么办? 你问我, 我问谁?
Duìzhǎng, nǐ shuō zhè shì gāi zěnme bàn? Nǐ wèn wǒ, wǒ wèn shéi?
팀장님, 이 일을 어쩌면 좋죠? 네가 나에게 물어보면 나는 누구에게 물어보니?

(3) 你问我, 我问谁? 也许飞到一个谁也找不到的地方去了吧。
Nǐ wèn wǒ, wǒ wèn shéi? Yěxǔ fēi dào yígè shéi yě zhǎo bú dàode dìfāng qùle ba.
네가 나에게 물어보면 나는 누구에게 물어보니? 아마 아무도 찾지 못하는 곳으로 날아갔겠지.

유사표현 我怎么知道?(내가 어떻게 아냐?)

202 >>>> 你也不看看(想想)…

상대에게 모종의 상황이 출현한 원인을 말한다. 때로는 과장된 의미가 있다. 이때 후반에 동사구가 온다.

예문 (1) 你也不看看我的车号,快让开。
Nǐ yě bú kàn kàn wǒ de chē hào, kuài ràng kāi.
너 내차 번호판도 안 봐, 빨리 비켜.

(2) 这本书写得太好了! 你也不看看是谁写的, 作者是巴金!
Zhè běn shūxiěde tài hǎole! Nǐ yě bú kàn kàn shì shéi xiě de, zuòzhě shì Bā Jīn!
이 책 정말 잘 썼다! 쓸데없는 소리, 너 이걸 누가 썼는줄 알고. 작가가 바진이야.

(3) 你也不看看自己才什么水平, 一个初级剑士就往朝宛山脉跑。
Nǐ yě bú kàn kàn zìjǐ cái shénme shuǐpíng, yígè chūjí jiàn shì jiù wǎng Cháowǎn shānmài pǎo.
너 네 수준이 어느 정도인지 생각지 않고 초급 검사가 조완산맥으로 달려가는거지.

203 >>>> 你也有今天

의외로 어떤 사람이 몰락하여 이런 지경에 이름을 표시한다. 분노 혹은 타인의 불행을 즐기는 의미가 있다. 주로 제2인칭에 사용하고 제3인칭에 사용할 수도 있다.

예문 (1) 哼, 他也有今天, 让他再欺负人!
Hēng, tā yěyǒu jīntiān, ràng tā zài qīfù rén!
흥, 그가 이렇게 될 줄 누가 알았니. 그에게 사람을 또 속여보라고해!

(2) 他家那只狗咬了他一口。咬得好! 他也有今天!
Tā jiā nà zhǐ gǒu yǎole tā yīkǒu. Yǎo de hǎo! Tā yěyǒu jīntiān!
그의 집의 개가 그를 물었대. 잘 물었다. 그가 이렇게 될 줄 누가 알았니.

(3) 您就饶了我吧! 哇! 你也有今天!！
Nín jiù ráole wǒ ba! Wā! Nǐ yěyǒu jīntiān!
저 좀 용서해주시면 안 돼요? 와! 너도 이런 날이 있구나..

유사표현 报应啊 ; 这就是…的下场

204 >>>> 你有你的A, 我有我的B

각자 자신의 의견이나 몫이 있음을 강조한다. 이때 A와 B는 명사나 명사성 구가 오며 의미가 상호 관련이 있다.

예문 (1) 在这种事情上，往往你有你的主意，我有我的办法，你就别操心了。
Zài zhè zhǒng shìqíng shàng, wǎngwǎng nǐ yǒu nǐde zhǔyì, wǒ yǒu wǒde bànfǎ, nǐ jiù bié cāoxīnle.
이러한 일에서, 자주 너는 너의 의견이 있고, 나는 나의 방법이 있으니 너는 걱정하지 말아라.

(2) 既然你有你的计划，我有我的方案，干脆咱们各干各的，省得麻烦。
Jìrán nǐ yǒu nǐde jìhuà, wǒ yǒu wǒde fāng àn, gāncuì zánmen gè gàn gède, shěngde máfan.
기왕 너는 너의 계획이 있고, 나는 내 방안이 있으니, 차라리 우리 서로 번거롭지 않게 각자의 것을 하자.

(3) 别问了，一问都是你有你的原因，我有我的理由。
Bié wènle, yí wèn dōu shì nǐ yǒu nǐde yuányīn, wǒ yǒu wǒde lǐyóu.
물어보지 마, 물어보면 각자 다 다른 이유가 있을 거야.

205 >>>> (你)又来了

상대가 모종 사건에 대해 어떻게 말할지 예상하고 저지함을 표시한다. 귀찮게 생각하는 어기가 있다. 또 왔다는 의미 보다는 "또 다시"의 의미가 강하다. 이때 "你"는 경우에 따라 생략할 수도 있다.

예문 (1) 你考虑了这个问题吧?
Nǐ kǎolǜ le zhège wèntí ba?
너도 이 문제를 생각해봤지?

你又来了，我说过我现在不想考虑这个问题。
Nǐ yòu láile, wǒ shuōguò wǒ xiànzài bùxiǎng kǎolǜ zhège wèntí.
또 시작이야? 내가 지금은 그 문제를 생각하지 않는다고 말했잖아.

(2) 你又来了，跟你说下个星期我们开会商量，你还不相信我吗?
Nǐ yòu láile, gēn nǐ shuō xià gè xīngqī wǒmen kāihuì shāngliang, nǐ hái bù xiāngxìn wǒ ma?

너 또 시작이야? 내가 다음 주에 회의에서 상의한다고 했는데, 너 나 못 믿니?

(3) 能不能借给我点钱？又来了，我要有钱，能不借给你吗？
Néng bùnéng jiè gěi wǒ diǎn qián? Yòu láile, wǒ yào yǒu qián, néng bú jiè gěi nǐ ma?
돈 좀 빌려 주실 수 있나요? 또 시작이군, 내가 돈이 있으면 네게 안 빌려줬겠니?

206 》》》》 这叫什么 + 명사 + 啊

이름에 걸맞지 않거나 뜻밖에 문제가 발생함을 표시한다. 불만스런 어기를 갖는다. 이때 "叫"는 때로는 "是"와 바꿀 수 있다.

(1) 这叫什么表啊！一天快十几分钟。
Zhè jiào shénme biǎo a! Yītiān kuài shí jǐ fēnzhōng.
이게 무슨 시계야? 하루에 십여분 빨라지는데.

(2) 这么大的医院，连感冒药都没有，这是什么医院哪！
Zhème dàde yīyuàn, lián gǎnmào yào dōu méiyǒu, zhè shì shénme yīyuàn nǎ!
이렇게 큰 병원에, 감기약조차 없다니, 이게 무슨 병원이야!

(3) 这叫什么鞋呀！才穿一天鞋底就裂了。
Zhè jiào shénme xié ya! Cái chuān yītiān xiédǐ jiù lièle.
이게 무슨 신발이야! 하루 밖에 신지 않았는데 밑창이 다 벌어졌다.

[유사표현] 什么… 嘛

207 》》》》 这还A(啊)

모종의 상황이 당연히 발생하지 않음을 표시한다. 혹은 상대방의 관점을 부정하는 것을 표시한다. 이때 A는 동사, 동사구 혹은 형용사, 형용사구문이 온다. 그리고 "这", "啊"는 때로는 생략 가능하고 반어 구문에서 사용한다.

(1) 老师都讲过三遍了，(这)还不明白啊？
Lǎoshī dōu jiǎngguò sān biànle, (zhè) hái bù míngbai a?
선생님이 세 번이나 말했는데, 이걸 아직도 모르겠니?

(2) 还早呢，让我再睡一会儿吧。还早啊？都快八点了！(반어)
Hái zǎo ne, ràng wǒ zài shuì yīhuǐr ba. Hái zǎo a? Dōu kuài bā diǎnle!
아직 이르니, 조금만 더 자게 해주세요. 아직 이르다고? 여덟시가 다되어간다!

(3) 他考了86分，还不错。这还叫不错？在我们那儿只能算中等水平。

Tā kǎole 86 fēn, hái búcuò. Zhè hái jiào búcuò? Zài wǒmen nàr zhǐ néng suàn zhōngděng shuǐpíng.

그는 86점을 맞았어, 그럭저럭 괜찮지. 이걸 괜찮다고? 우리 있는 데에서는 단지 중간 정도의 수준이라고.

[유사표현] 这还算…

208 >>>> 照你这么说

"당신 말에 의하면"이란 의미로 어떤 사람의 말에 따라 추론함을 표시한다. 제3인칭을 사용할 수 있고 뒤에 추론의 결과가 온다.

[예문] (1) 照你这么说，我也算是天才一个了。

Zhào nǐ zhème shuō, wǒ yě suànshì tiāncái yígè le.

네 말에 따르면, 나도 천재 중에 하나구나.

(2) 这么大的雨谁出门啊？照你这么说，他在家了？

Zhème dà de yǔ shéi chūmén a? Zhào nǐ zhème shuō, tā zàijiāle?

이렇게 비가 많이 오는데, 누가 외출하니? 너의 말에 대로면 그는 집에 있겠네?

(3) 照你这么说，所有的人都不必去守护家乡。

Zhào nǐ zhème shuō, suǒyǒu de rén dōu bú bì qù shǒuhù jiāxiāng.

네 말대로라면 모든 사람은 다 고향을 지킬 필요가 없네.

[유사표현] 这么说(그렇다면) 听你这么一说(당신이 말하는 것에 의하면)

209 >>>> 让 A + 동사 + 好了

어떤 건의를 제출하거나 혹은 결정을 내림을 표시한다. 때로는 불만의 어기를 포함한다. 이때 A는 인칭대명사 혹은 인명으로 어떤 사람을 표시한다.

[예문] (1) 让他走好了，我才不留他呢。

Ràng tā zǒu hǎole, wǒ cái bù liú tā ne.

그보고 가라고해, 나는 그를 잡지 않을 거야.

(2) 让他们找我好了，我给他们找活儿干。

Ràng tāmen zhǎo wǒ hǎole, wǒ gěi tāmen zhǎo huór gàn.

그들에게 날 찾아 오라고해, 내가 그들에게 할 일을 주지.

(3) 我现在有事，让他晚上来好了。
Wǒ xiànzài yǒushí ràng tā wǎnshang lái hǎo le.
나는 지금 일이 있어서, 그에게 저녁에 오라고 해.

[유사표현] 让…吧

210 >>>> 让A + 동사 + 算了

어떤 건의를 제출하거나 혹은 결정을 내림을 표시한다. 때로는 어쩔 수 없음을 표시한다. A는 어떤 사람을 B는 동사 혹은 동사구이다.

[예문] (1) 既然他不想待在家里，就让他找个活儿干算了。
Jìrán tā bù xiǎng dài zài jiālǐ, jiù ràng tā zhǎo gè huór gàn suànle.
그가 집에 있기 싫다고 했으니, 그에게 일을 좀 찾아서 하라고 해라.

(2) 找什么工作啊，干脆让儿子来我公司干算了。
Zhǎo shénme gōngzuò a, gāncuì ràng érzi lái wǒ gōngsī gàn suànle.
무슨 일을 찾아, 차라리 아들보고 내 회사와서 일하라고 하면 되지.

(3) 既然他觉得在那儿干没意思，那就让他到我这儿来算了。
Jìrán tā juédé zài nàr gàn méiyìsi, nà jiù ràng tā dào wǒ zhèr lái suànle.
그가 거기서 일하는 게 재미없다고 했으니 그럼 그보고 내 쪽으로 오라고 해.

[유사표현] 让… 吧

211 >>>> 照A不误

"원래대로 변함이 없음"이란 의미로 어떤 행위가 모든 상황의 영향을 받지 않고 원래대로 진행함을 표시한다. 이때 A는 주로 단음절 동사가 온다.

[예문] (1) 这点小病他从不放在心上，班还是照上不误。
Zhè diǎn xiǎo bìng tā cóng bú fàng zài xīnshàng, bān háishì zhào shàng bú wù.
이런 작은 병을 그는 마음에 두지도 않았고, 출근을 원래대로 차질 없이 했다.

(2) 医生让他戒烟，他就是不听，照抽不误，真没办法。
Yīshēng ràng tā jièyān, tā jiùshì bù tīng, zhào chōu bú wù, zhēn méi bànfǎ.

의사는 그에게 담배를 끊으라고 했지만, 그는 듣지 않았고, 계속 담배를 피우니, 방법이 없다.

(3) 他有什么了不起的？少了谁，地球都照转不误。
Tā yǒu shéme liǎobuqǐ de? Shǎole shéi, dìqiú dōu zhào zhuǎn bú wù.
그는 뭐가 그렇게 대단해? 누군가 없어져도, 지구는 그래도 변함없이 도는걸.

[유사표현] 仍然… 照样…

212 让你 + 동사(동사구)

통한과 분노를 표시한다. 또 "我让你…"로 쓸 수도 있다. 때로는 해당 구를 중복하여 사용한다.

[예문] (1) 我让你跑！这回我看你往哪儿跑！
Wǒ ràng nǐ pǎo! Zhè huí wǒ kàn nǐ wǎng nǎr pǎo!
어딜 도망가려고! 이번에 네가 어디로 도망갈 수 있나보자!

(2) 让你不学，现在高中没考上，看你怎么办！
Ràng nǐ bù xué, xiànzài gāozhōng méi kǎo shàng, kàn nǐ zěnme bàn!
공부하지 않더니, 이번에 고등학교도 합격 못하고, 어떡할 꺼니!

(3) 让你胡说，看我不打歪你的嘴！
Ràng nǐ húshuō, kàn wǒ bù dǎ wāi nǐ de zuǐ!
헛소리하지 마. 내가 어떻게 널 혼내주나 보자!

[유사표현] 你再…

213 怎么说…

상황이 어떨지라도 반드시 해야 함 혹은 어느 정도에 도달함을 표시한다. 이때 뒤에 동사나 동사성 구문이 온다. "怎么也得…"로 쓸 수 있다.

[예문] (1) 机会难得，我怎么也得去试试呀，不试怎么知道不行？
Jīhuì nándé, wǒ zěnme yě děi qù shìshì ya, búshì zěnme zhīdào bùxíng?
기회를 얻기 쉽지 않은데, 어떻게 해도 한번 해봐야겠지. 해보지 않으면 안 되는지 어떻게 알아?

(2) 就凭咱俩的关系，你怎么说也得帮我一把呀。
Jiù píng zán liǎ de guānxi, nǐ zěnme shuō yě děi bāng wǒ yī bǎ ya.
우리 둘의 관계로 보아 너는 뭐라 해도 나를 도와주어야 한다.

(3) 瞧这样式和做工，这套衣服怎么也得三万块钱。
Qiáo zhè yàngshì hé zuògōng, zhè tào yīfu zěnme yě děi sānwàn kuài qián.
이러한 모양과 솜씨를 볼 때, 이 옷 한 벌은 어떻게 해도 3만원은 될 것이다.

214 让我说你什么好(呢)

"내가 뭐라고 하는게 좋겠니?"라는 의미로 상대의 모든 행동에 대해 불만이나 어쩔 수 없음을 표시한다. 원망의 의미가 있다. "说你什么好(呢)"로도 쓸 수 있다.

예문 (1) 你也不小了，连这点小事都干不好，说你什么好呢?
Nǐ yě bù xiǎole, lián zhè diǎn xiǎoshì dōu gàn bù hǎo, shuō nǐ shénme hǎo ne?
너도 어리지 않은데, 이런 작은 일조차도 못하다니, 내가 뭐라고 하는 게 좋겠니?

(2) 好好儿的一本书让你弄成这个样子，让我说你什么好呢?
Hǎohāor de yī běn shū ràng nǐ nòng chéng zhège yàngzi, ràng wǒ shuō nǐ shénme hǎo ne?
멀쩡한 책을 네가 이 지경을 만들다니, 내가 뭐라고 하는 게 좋겠니?

(3) 看短信的这位朋友，你让我说你什么好呢？
Kàn duǎnxìn de zhè wèi péngyou, nǐ ràng wǒ shuō nǐ shénme hǎo ne?
문자를 보는 친구, 내가 뭐라고 하는 게 좋게니?

유사표현 让我怎么说你(呢/才好)

215 让我怎么说你(呢/才好)

"내가 뭐라고 해야 하니?"라는 의미로 상대의 잘못에 대해 어떻게 할 수 없음을 표시한다. 원망의 의미가 있다. 때로 뒤에 "呢"/"才好"를 생략할 수 있다.

예문 (1) 你怎么又把房间搞得这么乱? 让我怎么说你呢?
Nǐ zěnme yòu bǎ fángjiān gǎo de zhème luàn? Ràng wǒ zěnme shuō nǐ ne?
너 왜 또 방을 이렇게 어질렀니? 내가 뭐라고 해야 하니?

(2) 你这么大个人, 连这点儿小事都干不好, 让我怎么说你呢?
Nǐ zhème dà gèrén, lián zhè diǎnr xiǎoshì dōu gān bù hǎo, ràng wǒ zěnme shuō nǐ ne?
너도 이렇게 큰 사람이, 이런 작은 일조차도 못하다니, 내가 뭐라고 해야 하니?

(3) 让我怎么说你好, 体积翻倍, 个儿翻倍, 就是心智不翻倍。
Ràng wǒ zěnme shuō nǐ hǎo, tǐjī fān bèi, gèr fān bèi, jiùshì xīnzhì bù fān bèi.
내가 뭐라 해야 하니? 몸도 두 배, 키도 두 배, 근데 지성은 두 배가 아니네.

[유사표현] 让我说你什么好(呢)

216 〉〉〉〉 什么A + B的

상대의 언행에 대해 그렇게 생각하지 않거나 부정함을 표시한다. 때로는 상대의 의견을 무시하는 의미가 있다. A와 B는 왕왕 의미가 반대거나 서로 상대적인 단어로 주로 명사, 대명사, 동사, 형용사 등이다.

[예문] (1) 什么男人女人的, 你才多大呀!
Shénme nánrén nǚrén de, nǐ cái duōdà ya!
무슨 남자여자야, 너 이제 몇 살이나 됐니?

(2) 你怎么不讲道理呀?
什么道里道外的, 你懂什么叫道理?
Nǐ zěnme bù jiǎng dàolǐ ya?
Shénme dàolǐ dàowài de, nǐ dǒng shénme jiào dàolǐ?
너 왜 이치를 따지지 않아? 이치를 따지고 말 것 뭐있어, 넌 뭐가 이치인지 알아?

(3) 什么难吃好吃的, 有吃的已经不错了。
Shénme nán chī hǎo chī de, yǒu chī de yǐjīng búcuòle.
맛있고 없고가 뭐 있니, 먹는 게 있으면 이미 충분하지.

217 〉〉〉〉 什么A不A的

타인의 말에 동의하지 않음을 표시한다. 때로는 원망과 분노의 의미도 있다. A는 주로 명사, 형용사, 동사, 동사구가 온다.

[예문] (1) 他还是个学生嘛。什么学生不学生的, 他已经18岁了。
Tā háishi gè xuésheng ma. Shénme xuésheng bù xuésheng de, tā yǐjīng 18 suìle.

그는 아직 학생이잖아. 학생이고 학생이 아니고를 떠나, 그는 이미 18살인걸.

(2) 太贵了！什么贵不贵的，好不容易碰上合适的，不买以后别后悔。
Tài guìle! Shénme guì bú guì de, hǎo bu róngyi pèng shàng héshì de, bù mǎi yǐhòu bié hòuhuǐ.
너무 비싸다. 비싸고 말고 할 게 어디 있어, 어렵게 적합한 걸 만났는데, 안사고 나중에 후회하지 마.

(3) 什么想吃不想吃的，一定要吃！这可是我专门给你做的。
Shénme xiǎng chī bùxiǎng chī de, yídìng yào chī! Zhè kěshì wǒ zhuānmén gěi nǐ zuò de.
먹고 싶고 말고가 어디 있어, 반드시 먹어야해! 이건 내가 너만을 위해 만든 거야.

(4) 他不太好说话。什么好说话不好说话的，你带我去就是了。
Tā bú tài hǎo shuōhuà. Shénme hǎoshuōhuà bù hǎoshuōhuà de, nǐ dài wǒ qù jiùshìle.
그 사람은 얘기가 잘 안 통해. 말이 통하고 말고 할 게 뭐 있나, 네가 날 데리고 가면 되는 거지.

[유사표현] 我才不管…呢

218 什么A呀B的

타인의 말에 대해 그렇게 생각하지 않음을 표시한다. A와 B는 항상 의미가 반대이거나 상대적인 단음절 단어가 온다.

[예문] (1) 东西太重，我们拿不动
Dōngxi tài zhòng, wǒmen ná bu dòng.
물건이 너무 무거워서 우리는 들 수 없다.

什么重呀轻的，我看你们是不想拿吧。
Shénme zhòng ya qīng de, wǒ kàn nǐmen shì bùxiǎng ná ba.
뭐가 무겁고 가볍고야, 내가 볼 땐 너희가 들고 가기 싫은 것 같다.

(2) 我喜欢漂亮的那些鸟。
Wǒ xǐhuan piàoliang de nàxiē niǎo.
나는 예쁜 그 새들이 좋다.

什么漂亮难看的，这些鸟都应该受到保护。
Shénme piàoliang nánkàn de, zhèxiē niǎo dōu yīnggāi shòudào bǎohù.
예쁘고 말고 할 게 아니라, 그 새들은 마땅히 보호 받아야해.

(3) 这是你的，我不能要。
Zhè shì nǐ de, wǒ bùnéng yào.
이건 네 꺼야, 나는 받을 수 없어.

什么你呀我的，咱们谁跟谁呀，何必分这么清楚。
Shénme nǐ ya wǒ de, zánmen shéi gēn shéi ya, hébì fēn zhème qīngchu.
네 거 내거가 어디 있어, 우리 사이에, 그렇게 분명하게 가를 필요 없지.

219 >>>> 什么都不 + 동사(구), 就…

모종의 상황이나 사물을 강조한다. 후반에 동사 혹은 동사구가 온다.

(1) 她什么都不要，就要这只狗。
Tā shénme dōu búyào, jiù yào zhè zhī gǒu.
그녀는 아무것도 원하지 않고, 그 강아지만 원한다.

(2) 我这儿什么都不缺，就缺个帮手。
Wǒ zhèr shénme dōu bù quē, jiù quē gè bāngshǒu.
내 이곳은 아무것도 부족하지 않은데, 조수 한명만 부족하다.

(3) 这孩子什么都没吃，就吃了点水果。
Zhè háizi shénme dōu méi chī, jiù chīle diǎn shuǐguǒ.
이 아이는 아무것도 먹지 않았는데, 과일만 좀 먹었다.

220 >>>> 什么风把你吹来了

"웬일로 왔어"라는 의미로 상대방의 등장이 의외라는 의미를 표시한다. 때로는 "是什么风把你吹来了(무슨 바람에 왔어)"로도 말할 수 있다.

(1) 我的大忙人，什么风把你吹来了？找我有什么事吧？
Wǒ de dàmáng rén, shénme fēng bǎ nǐ chuī láile? Zhǎo wǒ yǒu shéme shì ba?
바쁜 사람이, 무슨 바람이 불어서 왔니? 나를 찾아온 건 무슨 일이 있어서겠지?

(2) 今天是什么风把你吹来了？告诉你吧，我退休了．
Jīntiān shì shénme fēng bǎ nǐ chuī láile? Gàosu nǐ ba, wǒ tuìxiūle.
오늘 무슨 바람이 불어서 왔어? 말해줄게, 나 퇴직했어.

(3) 什么风把你老人家吹来了。
　　Shénme fēng bǎ nǐ lǎorénjiā chuī láile.
　　웬일로 네가 왔어.

[유사표현] 你怎么来了(어떻게 왔어)

221 〉〉〉〉 生是…的人, 死是…的鬼

어떤 사람이나 사물과의 관계가 밀접하고 감정이 두터워 헤어지기를 원하지 않거나 헤어질 수 없음을 표시한다. 삽입성분은 명사, 명사구 혹은 대명사이다. 항상 내면의 진심을 표명한다.

[예문]
(1) 我生是你的人, 死是你的鬼, 下辈子还嫁给你。
　　Wǒ shēng shì nǐ de rén, sǐ shì nǐ de guǐ, xiàbèizi hái jià gěi nǐ.
　　나는 살아도 네 사람이도 죽어도 네 귀신이다. 다음 생에도 너에게 시집갈 거야.

(2) 我生是张家的人, 死是张家的鬼, 我不离开这个家。
　　Wǒ shēng shì Zhāng jiāde rén, sǐ shì Zhāng jiāde guǐ, wǒ bù líkāi zhège jiā.
　　나는 사나 죽으나 장씨 집 사람이다. 나는 이 집을 떠날 수 없다.

(3) 我生是韩国人, 死是韩国的鬼, 我就没打算离开这个国家。
　　Wǒ shēng shì Hánguó rén, sǐ shì Hánguóde guǐ, wǒ jiù méi dǎsuàn líkāi zhège guójiā.
　　나는 사나 죽으나 한국 사람이다. 나는 이 나라를 떠날 생각이 없다.

222 〉〉〉〉 实话告诉你(吧)

"사실대로 말하면"이라는 의미로 상대에게 직접 자신의 태도와 목적을 표명한다. 때로는 경고의 의미가 있다. "吧"자는 어기가 강할 경우 사용하지 않는다.

[예문]
(1) 实话告诉你吧, 我们根本就不饿。
　　Shíhuà gàosu nǐ ba, wǒmen gēnběn jiù bú è.
　　사실대로 말하면, 우리는 전혀 배고프지 않았다.

(2) 你今天是怎么了? 实话告诉你吧, 我想向你借点儿钱。
　　Nǐ jīntiān shì zěnme le? Shíhuà gàosu nǐ ba, wǒ xiǎng xiàng nǐ jiè diǎnr qián.
　　너 오늘 왜 이래? 사실대로 말하면, 나는 너에게 돈을 좀 빌리려고 그래.

(3) 实话告诉你，我就是个怪胎。
Shíhuà gàosu nǐ, wǒ jiùshì gè guài tāi.
사실대로 말하면 내가 바로 괴물이야.

[동의어] 告诉你(솔직히 말하면)

223 >>>> 事到如今, (也)只好(能)…

사건이 이런 지경에 이르렀으니 현실을 받아들이거나 다른 계산을 함을 표시한다. 방법이 없다는 의미도 있다. 뒤에 동사나 동사구가 온다.

[예문] (1) 事到如今，你不再犹豫，先干了再说。
Shì dào rújīn, nǐ bú zài yóuyù, xiān gànle zàishuō.
일이 이지경이 되었으니 더 이상 망설이지 말고 먼저 한 뒤에 다시 생각하자.

(2) 事到如今，纵使你回心转意，也已经无法挽回。
Shì dào rújīn, zòngshǐ nǐ huíxīn zhuǎnyì, yě yǐjīng wúfǎ wǎnhuí.
일이 이지경이 되었으니 설사 네가 개과천선해도 이미 만회할 수 없다.

(3) 事到如今，也只能先谋求一条生存之路。
Shì dào rújīn, yě zhǐ néng xiān móuqiú yītiáo shēngcún zhī lù.
일이 이지경이 되었으니 우선 살길부터 찾아야지.

224 >>>> 是A都(就)B

단지 어떤 범위 안에서만, 예외가 없음을 표시한다. A는 명사나 명사구, B는 동사나 동사구로 모종의 결과를 표시한다.

[예문] (1) 这个活儿可能不好干。这有什么难的? 是人都会干。
Zhège huór kěnéng bù hǎo gàn. Zhè yǒu shéme nánde? shì rén dōu huì gàn.
이 일은 아마 하기 힘들 거야. 이게 뭐 어려워? 누구라도 다 할 수 있어.

(2) 这件事你也知道? 是咱们单位的就知道。
Zhè jiàn shì nǐ yě zhīdào? Shì zánmen dānwèi de jiù zhīdào.
이 일을 너도 알아? 우리 직장 사람들은 알고 있어.

(3) 这些鱼小猫爱吃吗? 哪有不爱吃鱼的猫?
Zhèxiē yú xiǎo māo ài chī ma? Nǎ yǒu bú ài chī yú de māo?

이 생선을 고양이가 잘 먹나? 생선 안 좋아하는 고양이가 어디 있어?

[유사표현] 只要…, 就…

225 ⟩⟩⟩⟩ …不是(闹着)玩儿的

상대가 어떤 일을 함에 있어 신중할 것을 강조한다. 그렇지 않으면 결과가 매우 엄중할 것을 경고한다. 때로는 "不是玩儿的" 혹은 "不是开玩笑的"로 쓸 수 있다. 그리고 어기를 강조하기 위해 전면에 부사 "可"를 넣기도 한다.

[예문] (1) 你把身份证保管好, 丢了可不是闹着玩儿的。
Nǐ bǎ shēnfèn zhèng bǎoguǎn hǎo, diūle kě búshì nàozhe wánr de.
신분증 보관을 잘해야 한다. 잃어버리면 정말 큰일이다.

(2) 这件事关系重大, 一旦出什么差错, 可不是玩儿的。
Zhè jiàn shì guānxi zhòngdà, yídàn chū shénme chācuò, kě búshì wánr de.
이것은 매우 중대한 사안임으로, 착오가 발생하면 정말 큰일이다.

(3) 对他来说失业可不是闹着玩儿的.
Duì tā lái shuō shīyè kě búshì nàozhe wánr de.
그의 입장에서 실업은 결코 농담이 아니다.

[유사표현] 不是开玩笑的　不是儿戏

226 ⟩⟩⟩⟩ 是… 的时候了

모종의 일을 당연히 해야 함 혹은 모종의 일을 할 조건이 이미 성숙했음을 표시한다. 중간에 삽입하는 것은 동사나 동사구다.

[예문] (1) 事情发展到了这个地步, 是该好好儿总结的时候了。
Shìqíng fāzhǎn dàole zhège dìbù, shì gāi hǎohāor zǒngjié de shíhou le.
일이 여기까지 발전되었으니, 잘 결산할 때다.

(2) 我们已到了穷则思变的时候了。
Wǒmen yǐ dàole qióng zé sī biàn de shíhou le.
우리는 이미 궁핍하여 생각이 변화하는(궁즉통의) 시기에 도달했다.

(3) 现在已经不是抱怨父母引导自己走错方向的时候了。
Xiànzài yǐjīng búshì bàoyuàn fùmǔ yǐndǎo zìjǐ zǒu cuò fāngxiàngde shíhou le.

지금은 이미 부모가 자신을 틀린 방향으로 인도했다고 원망할 때가 아니다.

[유사표현] 该…了

227 ···· 是干什么吃的

능력이 부족하거나 직책에 부적합한 사람이나 기구, 조직에 대해 강렬한 불만을 표시한다. 삽입성분은 명사나 명사구다.

[예문] (1) 你是干什么吃的？我以前是卖水果的。
Nǐ shì gànshénme chī de? Wǒ yǐqián shì mài shuǐguǒ de.
너는 뭐해 먹고 살았어? 예전에는 과일 장사를 했습니다.

(2) 你们这些人是干什么吃的？这么乱也不管。
Nǐmen zhèxiē rén shì gànshénme chī de? Zhème luàn yě bùguǎn.
너희들 지금 뭐하는 거야? 이렇게 어지러운데 신경도 안 쓰고.

(3) 连小小的手术都做不了，这家医院是干什么吃的？
Lián xiǎo xiǎo de shǒushù dōu zuò bu liǎo, zhè jiā yīyuàn shì gànshénme chī de?
이렇게 작은 수술조차도 못하는데, 이 병원은 뭐하는 곳이냐?

[유사표현] 什么都干不了(아무 것도 할 줄 모른다)

228 是时候了

모종의 일을 할 시기가 이미 성숙해 행동을 취하게 됨을 표시한다. 전면에 항상 시간사 "现在"가 온다.

[예문] (1) 现在是时候了，好好地做个女人。
Xiànzài shì shíhou le, hǎohāo di zuò gè nǚrén
지금 여자다워 질 때가 되었다.

(2) 我警告你，现在是时候了，知道要准备什么吗？
Wǒ jǐnggào nǐ xiànzài shì shíhou le, zhīdào yào zhǔnbèi shénme ma?
나는 지금 네가 무엇을 준비해야할지 알 때가 되었음을 경고한다.

(3) 我考察了你三年，现在是时候了，这副担子就交给你了。
Wǒ kǎochále nǐ sān nián, xiànzài shì shíhou le, zhè fù dànzi jiù jiāo gěi nǐle.

나는 당신을 3년간 조사했습니다. 지금이 이 책임을 당신에게 넘길 적기입니다.

[유사표현] 该… 了(당연히 …해야 한다)

229 >>>> 谁让…呢①

자신이 이렇게 한 원인을 말한다. 때로는 관계상 어쩔 수 없다는 어감을 나타낸다.

[예문] (1) 你是我唯一的女儿，谁让你是我这辈子最亲爱的宝贝。
Nǐ shì wǒ wéiyīde nǚ'ér, shéi ràng nǐ shì wǒ zhè bèizi zuì qīn'ài de bǎobèi.
너는 내 유일한 딸이고 내 인생에서 가장 사랑하는 보배가 되었다.

(2) 这些钱你先拿去看病吧，谁让咱们是好朋友呢。
Zhèxiē qián nǐ xiān ná qù kànbìng ba, shéi ràng zánmen shì hǎo péngyou ne.
이 돈을 네가 우선 가져다 병을 치료해라, 누가 좋은 친구 아니랄까봐.

(3) 爱你是我的责任，谁让你是我的老公。
Ài nǐ shì wǒ de zérèn, shéi ràng nǐ shì wǒ de lǎogōng.
당신을 사랑하는 것은 내 책임입니다. 당신이 내 남편이니까요.

230 >>>> 谁让…呢②

누군가 잘못을 범함 혹은 불행을 겪게 되었지만 단지 스스로만을 탓할 수 있을 뿐이다. 원망의 어기가 있다.

[예문] (1) 谁让你买的时候光图便宜呢，现在后悔了吧。
Shéi ràng nǐ mǎi de shíhou guāng tú piányi ne, xiànzài hòuhuǐle ba.
누가 너한테 살 때 싼 것만 찾으라 했니, 지금 후회되지.

(2) 看来我还得再考一回。谁让你不好好儿复习呢。
Kàn lái wǒ hái děi zàikǎo yī huí. Shéi ràng nǐ bù hǎohāor fùxí ne.
보아하니 시험을 다시 봐야겠어. 누가 너에게 열심히 복습하지 말라고 했니.

(3) 没想到那支股票真的涨了。
Méi xiǎngdào nà zhī gǔpiào zhēn de zhǎngle.
이 주식이 진짜 오를 줄은 몰랐네.

谁让你当初不听我的话呢。
Shéi ràng nǐ dāngchū bù tīng wǒ dehuà ne.
누가 그 때 내 말 듣지 말라고 했니.

231 >>>> 谁说不是呢

타인에게 동조하거나 상대방의 말이 정확하다고 긍정함을 표시한다. 반문 구에서 사용한다.

예문 (1) 这是件大喜事啊。谁说不是呢?
Zhè shì jiàn dà xǐshì a. Shéi shuō bú shì ne?
이건 정말 기쁜 일이야, 누가 아니라니?

(2) 他怎么这样对他妈妈说话呢?
Tā zěnme zhèyàng duì tā māma shuōhuà ne?
그는 어떻게 그의 어머니께 그렇게 말할 수 있지?

谁说不是呢? 谁听了不气得半死?
Shéi shuō bú shì ne? Shéi tīng le bú qì de bànsǐ?
누가 아니라니? 누가 들으면 열 받아 죽지 않겠니?

(3) 他这一走, 可把家里人急坏了。
Tā zhè yī zǒu, kě bǎ jiālǐ rén jí huàile.
그가 이렇게 떠나고, 집안사람들이 다 초조해 한다.

谁说不是呢? 万一有个好歹怎么办哪?
Shéi shuō bú shì ne? Wàn yī yǒu gè hǎodǎi zěnme bàn nǎ?
누가 아니라니? 만약 무슨 사고라도 생기면 어떡해?

유사표현 是啊　可不是吗

232 >>>> 谁说的

상대의 주장 전언 혹은 자신이 말한 것을 부정한다. 반문의 어기를 포함한다.
"这是谁说的"로 말할 수 있다.

예문 (1) 听说你暑假去了新疆。谁说的? 我哪儿也没去。
Tīng shuō nǐ shǔjià qùle Xīnjiāng. Shéi shuō de? Wǒ nǎr yě méi qù.
듣자하니 너 여름방학에 신장에 갔다며, 누가 그래? 나는 아무데도 안 갔어.

(2) 老周病了. 谁说的? 我昨天还见他了呢, 好好儿的。
Lǎo Zhōu bìngle. Shéi shuō de? Wǒ zuótiān hái jiàn tāle ne, hǎohāor de.
라오주가 아프대. 누가 그래? 내가 어제 그를 만났는데, 잘만 있던걸?

(3) 你说你英语学得特别好？哪儿啊！这是谁说的?
Nǐ shuō nǐ Yīngyǔ xué de tèbié hǎo? Nǎr a! Zhè shì shéi shuō de?
너 영어를 그렇게 잘한다고 했다며? 천만에, 누가 그래?

[유사표현] 哪儿啊　没有的事儿

233　说A就A①

모종 사건이 매우 쉽게 발생함을 표시한다. 혹은 일을 하는 것이 매우 경솔함을 표시한다. 이때 A는 동사 혹은 동사구로 모종의 행동이나 이미 발생한 모종의 사건을 표시한다.

[예문]
(1) 你们的动作真够快的，说干就干啊。
Nǐmen de dòngzuò zhēn gòu kuài de, shuō gàn jiù gàn a.
너희들 동작이 꽤나 빠른데, 한다고 바로 하다니.

(2) 他怎么说不来就不来呢？太不像话了！
Tā zěnme shuō bù lái jiù bù lái ne? Tài bú xiàng huàle!
그는 안 온다고 하고 정말 오지 않니? 정말 너무 어이없네.

(3) 你们要小心啊，山里的天气说变就变。
Nǐmen yào xiǎoxīn a, shānli de tiānqì shuō biàn jiù biàn.
너희 조심해, 산 속 날씨는 엄청 잘 바뀌어.

[유사표현] 立刻　马上

234　说A就A②

상대에게 누군가 말한 대로 할 것을 요구함 혹은 누군가 말한 대로 할 것을 주장한다. 이때 A는 동사 혹은 동사구가 온다. 때로는 후반에서 "说不A 就不A"로 할 수 있다.

[예문]
(1) 大家注意，我说开始就开始。
Dàjiā zhùyì, wǒ shuō kāishǐ jiù kāishǐ.
여러분 주목하세요, 제가 시작한다고 하면 시작하는 겁니다.

(2) 他说什么时候去就什么时候去，咱们等着就是了。
Tā shuō shénme shíhou qù jiù shénme shíhou qù, zánmen děngzhe jiùshìle.

그가 언제 간다고 하면 간다. 우리는 기다리면 된다.

(3) 我们听你的，你说做就做，说不做就不做。
Wǒmen tīng nǐ de, nǐ shuō zuò jiù zuò, shuō bú zuò jiù bú zuò.
우리는 네 말을 들을게, 네가 하라고 하면하고, 하지 말라고 하면 안 한다.

[유사표현] 让… 就…

235 说A就是A

누군가 말한 상황이 의심할 여지가 없거나 혹은 태도가 매우 굳건함을 표시한다. 이때 A는 동사 형용사 혹은 동사구 형용사구가 온다. 경우에 따라 "就是"를 생략하여 "就"로 할 수 있다.

[예문] (1) 他说好就是好，我相信他说得没错。
Tā shuō hǎo jiùshì hǎo, wǒ xiāngxìn tā shuō de méi cuò.
그가 좋다고 하면 좋은 것이다. 나는 그가 말한 것이 옳다고 믿는다.

(2) 他说干完了就(是)干完了，他还能骗你？
Tā shuō gàn wánle jiù (shì) gàn wánle, tā hái néng piàn nǐ?
그가 다했다고 하면 다 한 거지, 그가 너를 속이겠는가?

(3) 我说没时间就没时间，你没看见我正忙着吗？
Wǒ shuō méi shíjiān jiù méi shíjiān, nǐ méi kànjiàn wǒ zhèng mángzhe ma?
내가 시간이 없다면 시간이 없는 거지, 너 내가 바쁜 게 안보이니?

236 说A也A, 说不A也不A

두 가지 종류의 상황에 처해 있음을 표시한다. 혹은 다른 각도에서 문제를 보면 결론도 다름을 표기한다. 이때 A는 형용사가 온다.

[예문] (1) 我觉得学外语说难也难，说不难也不难，就看你怎么学了。
Wǒ juédé xué wàiyǔ shuō nán yě nán, shuō bù nán yě bù nán, jiù kàn nǐ zěnme xuéle.
내가 볼 때 외국어를 배우는 것은 어렵다고 하면 어렵고 쉽다고 하면 쉬운 것인데, 네가 어떻게 공부하는지를 봐야한다.

(2) 这条路说好走也好走，说不好走也不好走，关键是看天气了。
Zhè tiáo lù shuō hǎo zǒu yě hǎo zǒu, shuō bù hǎo zǒu yě bù hǎo zǒu, guānjiàn shì kàn tiānqile.

이 길은 가기 좋다고 하면 좋고, 가기 안 좋다고 하면 안 좋은 것인데, 중요한 것은 날씨를 봐야한다.

(3) 他家说大也大，说不大也不大，110平方米的房子，家具和书占了好大的地方。
Tā jiā shuō dà yě dà, shuō bú dà yě bú dà, 110 píngfāng mǐde fángzi, jiājù hé shū zhànle hǎo dàde dìfāng.
그의 집은 크다고 하면 크고 크지 않다고 하면 크지 않은데, 110평방미터의 집에, 가구와 책이 엄청난 자리를 차지하고 있다.

[유사표현] 又…又…(…하고 또 …한다)

237 说A也不A, 说B也不B

두 가지 상황 사이에 끼어 있음을 표시한다. A와 B 모두 형용사가 오고 상호 의미가 상반된다.

[예문] (1) 我们学校说近也不近，说远也不远，步行大概二十分钟。
Wǒmen xuéxiào shuō jìn yě bú jìn, shuō yuǎn yě bù yuǎn, bùxíng dàgài èrshí fēnzhōng.
우리학교는 가깝지도 멀지도 않은, 걸어서 대략 20분 거리이다.

(2) 他的病说重也不重，说轻也不轻，恐怕得休息几天。
Tā de bìng shuō zhòng yě bú zhòng, shuō qīng yě bù qīng, kǒngpà děi xiūxi jǐ tiān.
그의 병은 심하지도 않고, 가볍지도 않아서 아마 며칠을 쉬어야 할 것이다.

(3) 他们俩关系说好也不好，说坏也不坏，还凑合吧。
Tāmen liǎ guānxi shuō hǎo yě bù hǎo, shuō huài yě bú huài, hái còuhé ba.
그들 둘의 관계는 좋은 것도 아니고, 안 좋은 것도 아닌 그런대로 괜찮은 관계다.

[유사표현] 既不… ; 也不…

238 说到哪儿去了

"헛소리 하네", "쓸데없는 소리 하네"라는 의미로 상대방이 이렇게 말해서는 안 됨을 표시한다. 사양의 의미가 있다. 앞부분에 "你", "看你", "(你)这是" 등의 단어가 올 수 있고 주로 답변에 사용한다.

예문 (1) 你这么做, 他难道没有什么想法?
Nǐ zhème zuò, tā nándào méiyǒu shéme xiǎngfǎ?
네가 이렇게 하는 거에, 그는 설마 아무 생각도 없니?

你说到哪儿去了, 这个主意还是他提出来的呢。
Nǐ shuō dào nǎr qùle, zhège zhǔyì háishi tā tí chūlái de ne.
별말씀을요, 이 의견은 그가 제시한 겁니다.

(2) 以后还要请您多多关照啊。
Yǐhòu hái yào qǐng nín duōduō guānzhào a.
다음에도 당신이 많이 보살펴 주십시오.

看你说到哪儿去了, 咱们还是互相关照吧。
Kàn nǐ shuō dào nǎr qùle, zánmen háishi hùxiāng guānzhào ba.
쓸데없는 말하네. 우리는 서로 돕는 것이지요.

(3) 最近太麻烦你了, 真不好意思。
Zuìjìn tài máfan nǐle, zhēn bù hǎoyìsi.
요즘 정말 폐를 끼쳤습니다. 정말 죄송합니다.

(你)这是说到哪儿去了, 咱俩还客气什么?
(Nǐ) zhè shì shuō dào nǎr qùle, zán liǎ hái kèqi shénme?
무슨 말씀이세요. 우리사이에 무슨 체면이에요.

유사표현 哪能这么说(별 말씀을요)   哪儿的话(천만에요)

239 〉〉〉〉 张口一个A, 闭口一个A

어떤 칭호나 어떤 단어가 항상 입에서 떠나지 않음을 표시한다. 이때 A는 보통 사람을 표시하는 명사가 온다. 경우에 따라 "左一个A, 右一个A"로도 쓴다.

예문 (1) 你张口一个郑厂长, 闭口一个郑厂长, 他给了你什么好处?
Nǐ zhāngkǒu yígè Zhèng chǎng zhǎng, bìkǒu yígè Zhèng chǎng zhǎng, tā gěile nǐ shénme hǎochù?
너는 입만 열면 쩡공장장 얘기니, 그가 너에게 무슨 좋은 걸 주었니?

(2) 她张口一个大哥, 闭口一个大哥, 把你叫得没办法。
Tā zhāngkǒu yígè dàgē, bìkǒu yígè dàgē, bǎ nǐ jiào de méi bànfǎ.
그녀는 입만 열면 오빠 오빠니, 너를 부르는 것도 어쩔 수 없다.

(3) 这孩子左一个任贤齐，右一个任贤齐，简直一个任贤齐迷。
　　Zhè háizi zuǒ yígè Rènxiánqí, yòu yígè Rènxiánqí, jiǎnzhí yígè Rènxiánqí mí.
　　이 아이는 매번 임현제 임현제하니, 그야말로 임현제의 팬이다.

240 ▶▶▶▶ 怎么个A法

심문 정도나 혹은 구체적인 상황을 표시한다. 이때 A는 평가적 단어가 온다.

예문 (1) 那里的东西太贵了，我什么也没买。
　　Nàlǐ de dōngxi tài guìle, wǒ shénme yě méi mǎi.
　　그곳의 물건은 너무 비싸서, 나는 아무것도 사지 않았다.

怎么个贵法？不是听说服装很便宜吗？
Zěnme gè guì fǎ? Búshì tīng shuō fúzhuāng hěn piányi ma?
얼마나 비쌌는데? 옷이 매우 싸다고 하지 않았어?

(2) 我觉得那里的元宵节跟咱们这儿不一样。
　　Wǒ juédé nàlǐ de yuánxiāo jié gēn zánmen zhèr bù yíyàng.
　　내가 느끼기엔 그곳의 정월 대보름이 우리 이곳이랑 다른 것 같다.

怎么个不一样法？难道不吃元宵吃月饼？
Zěnme gè bù yíyàng fǎ? Nándào bù chī yuánxiāo chī yuèbǐng?
어떻게 다른데? 설마 위엔샤오를 안 먹고 월병을 먹어?

(3) 这孩子最不喜欢吃米饭了。
　　Zhè háizi zuì bù xǐhuan chī mǐfànle.
　　이 아이는 쌀밥을 먹는 걸 가장 싫어해.

怎么个不喜欢法？
Zěnme gè bù xǐhuan fǎ?
어떻게 싫어하는데?

241 ▶▶▶▶ 说句不好听的(话)

상대방에게 솔직하게 자신의 의견이나 생각을 말한다. 삽입어로 말한 내용은 주로 겸손하지 않거나 좋지 않은 비유들이지만 상대가 화를 내지 않기를 바란다. "说的不好听"으로 쓸 수도 있다.

예문 (1) 说句不好听的，一个人连自己食欲都控制不住，那跟牲口有什么区别？
Shuō jù bù hǎotīng de, yíge rén lián zìjǐ shíyù dōu kòngzhì bú zhù, nà gēn shēngkǒu yǒu shéme qūbié?
솔직히 말해, 사람이 자신의 식욕도 조절 못하면 짐승과 무엇이 다른가?

(2) 你看看你这地方乱得，说的不好听，跟垃圾场没什么两样。
Nǐ kàn kàn nǐ zhè dìfāng luàn de, shuōde bù hǎotīng, gēn lājī chǎng méishénme liǎngyàng.
너 여기 더러운 것 좀 봐라. 솔직히 말해서 쓰레기장이랑 다를 게 없다.

(3) 说的不好听，我觉得你这种做法像是过河拆桥。
Shuōde bù hǎotīng, wǒ juédé nǐ zhè zhǒng zuòfǎ xiàng shì guòhé chāiqiáo.
솔직히 말하면, 내 생각에는 너의 이 방법은 배은망덕한 것과 같다.

(4) 现在想想真后悔。说句不好听的，当初你就是贪图小便宜。
Xiànzài xiǎng xiǎng zhēn hòuhuǐ. Shuō jù bù hǎotīngde, dāngchū nǐ jiùshì tāntú xiǎopiányi.
지금 생각해보면 정말 후회돼. 솔직히 말하면, 처음에 너는 작은 이익을 탐내는 사람이었지.

유사표현 说实话　实话告诉你　听了别生气

242 >>>> 说(句)老实话

说(句)老实话 다음에 오는 말이 원래 말하지 않으려 했거나 말하기 쉽지 않음을 표시한다. "老实话" 앞에 때로는 양사 "句"를 사용한다. 주로 친근하거나 믿는 사람 사이에 사용한다.

예문 (1) 说(句)老实话，不是我干不了，是我不想干。
Shuō (jù) lǎo shihuà, búshì wǒ gàn bu liǎo, shì wǒ bùxiǎng gàn.
솔직하게 말하면, 나는 못 하는 게 아니라, 하고 싶지 않아.

(2) 说句老实话，他讲的那些道理谁不懂？只是大家不好意思不听。
Shuō jù lǎo shihuà, tā jiǎng de nàxiē dàolǐ shéi bù dǒng? Zhǐshì dàjiā bù hǎoyìsi bù tīng.
솔직하게 말해서, 그가 말하는 저런 이치들을 누가 모르니? 단지 모두들 안 듣기 멋쩍어서 그렇지.

(3) 老周，你真行！说句老实话，刚才我们都为你捏一把汗呢。
Lǎo Zhōu, nǐ zhēnxíng! Shuō jù lǎo shihuà, gāngcái wǒmen dōu wèi nǐ niē yī bǎ hàn ne.

라오조우, 너 정말 대단하다, 솔직하게 말해서 방금 우리 모두 너 때문에 손에 땀을 쥐었다.

[유사표현] 说心里话 ; 说实在的

243 >>>> 早知道A就B了

만약 사전에 상황을 알았다면 그에 상응하는 조치를 취할 수 있었음을 표시한다. 후회의 의미가 있다. A는 상황을 표시하고 B는 상응하는 조치를 나타낸다.

[예문] (1) 早知道今天下雨，我就带上雨伞了。
Zǎo zhīdào jīntiān xià yǔ, wǒ jiù dài shàng yǔsǎnle.
오늘 비가 오는 줄 알았다면, 우산을 가지고 왔을 텐데.

(2) 早知道你们不来，我就不准备那么多饭了。
Zǎo zhīdào nǐmen bù lái, wǒ jiù bù zhǔnbèi nàme duō fànle.
너희가 오지 않는걸 알았다면, 밥을 그렇게 많이 하지 않았을 텐데.

(3) 早知道今天是你的生日，我就给你买个蛋糕了。
Zǎo zhīdào jīntiān shì nǐ de shēngrì, wǒ jiù gěi nǐ mǎi gè dàngāole.
오늘 네가 생일인줄 알았다면, 너에게 케이크를 사줬을텐데.

[유사표현] 早知道… 就好了(일찍 …를 알았다면 좋았다)

244 >>>> 说起… (来) 一套一套的

어떤 사람이 모종의 화제를 말하기 시작하면 한도 끝도 없음을 말한다. 삽입성분은 주로 명사나 명사구 혹은 동사나 동사구이다. "来"는 경우에 따라 생략 가능하다.

[예문] (1) 他在农村待过很多年，说起农村的事(来)一套一套的。
Tā zài nóngcūn dàiguò hěnduō nián, shuō qǐ nóngcūn de shì (lái) yí tào yí tào de.
그는 농촌에서 몇 년을 살아서, 농촌 이야기를 하려면 한도 끝도 없다.

(2) 别看她平时不太爱说话，可说起炒菜做饭(来)一套一套的。
Bié kàn tā píngshí bú tài ài shuōhuà, kě shuō qǐ chǎocài zuò fàn (lái) yí tào yí tào de.
그녀가 평소에 말하기를 좋아하지 않는다고 생각하지 마라, 음식을 만드는 얘기가 나오면 끝이 없다.

(3) 周文是个十足的球迷说起球员，球赛一套一套的。
Zhōuwén shìgè shízú de qiúmí shuō qǐ qiúyuán, qiúsài yí tào yí tào de.
조우원은 대단한 축구팬으로 선수와 경기에 대해 얘기하면 끝이 없다.

[유사표현] 说起来没完没了

245 说什么也得…

조건에 상관없이 모종의 일을 해야만 하는 것을 나타낸다. 뒤에 동사 혹은 동사구가 온다.

[예문] (1) 你是第一次来这里，说什么也得尝尝我们家乡的特产啊。
Nǐ shì dì yí cì lái zhèlǐ, shuō shénme yě děi cháng cháng wǒmen jiāxiāng de tèchǎn a.
너는 여기 처음 오는 거니까 뭐라 해도 우리 고향의 특산물은 맛봐야 한다.

(2) 咱们难得见一面，说什么也得好好儿聊聊。
Zánmen nándé jiàn yímiàn, shuō shénme yě děi hǎohāor liáo liáo.
우리 어렵게 만났는데, 뭐라 해도 제대로 한 번 수다 떨어야지.

(3) 这可是我的第一件大案子，说什么也得努力完成。
Zhè kěshì wǒ de dì yí jián dà ànzi, shuō shénme yě děi nǔlì wánchéng
이것은 나의 첫 번째 사건이다. 뭐라 해도 노력해 완성해야만 한다.

[유사표현] 无论如何也要…(여하튼 …해야 한다)；
不管怎样也得…(…여하튼 간에 … 해야만 한다)

246 说是A, 其实(实际上)B

표면상 말하는 상황과 실제가 일치하지 않음을 표시한다. 이때 A는 표면현상이고 B는 실제상황이다. "其实"는 "实际上"과 교환 사용할 수 있다.

[예문] (1) 说是打过几次交道，其实也就是通过几次电话。
Shuō shì dǎguò jǐ cì jiāodào, qíshí yě jiùshì tōngguò jǐ cì diànhuà.
몇 번 왕래했다고는 하지만, 사실은 몇 번 통화해본 적 밖에 없어.

(2) 说是传统的，其实味道差远了。
Shuō shì chuántǒng de, qíshí wèidào chà yuǎnle.
말은 전통이라고 하지만, 실제 맛은 멀었다.

(3) 这里的东西说是便宜, 实际上并没有那么便宜。
　　Zhèlǐ de dōngxi shuō shì piányi, shíjì shang bìng méiyǒu nàme piányi.
　　이곳의 물건이 싸다고 하지만 실제로는 별로 싸지 않다.

[유사표현] 虽说…, 实际上… ; 虽说… , 其实…

247 》》》》 死了这份(条)心吧

누군가에게 모종의 일에 대해 희망을 갖지 말 것을 말한다. 양사 "份"과 "条"는 호환한다.

[예문] (1) 你还是死了这份心吧, 我看他们根本就没有诚意。
　　Nǐ háishi sǐle zhè fèn xīn ba, wǒ kàn tāmen gēnběn jiù méiyǒu chéngyì.
　　너는 그냥 마음을 접어라, 내가 볼 때 그들은 전혀 성의가 없다.

(2) 我已经说过这个忙我不能帮, 让她死了这条心吧。
　　Wǒ yǐjīng shuōguò zhège máng wǒ bùnéng bāng, ràng tā sǐle zhè tiáo xīn ba.
　　난 이미 이 일은 내가 도울 수 없다고 말했으니, 그녀에게 마음 접으라고 해

(3) 我看你还是死了这条心吧, 人家根本就没有这个意思。
　　Wǒ kàn nǐ háishi sǐle zhè tiáo xīn ba, rénjiā gēnběn jiù méiyǒu zhège yìsi.
　　내가 볼 때는 너 그냥 포기해, 그들은 전혀 그럴 마음이 없는 것 같다.

[유사표현] 打消念头(생각을 포기하다)
如果你不能帮忙, 最好让人家打消念头。
만약 네가 도울 수 없으면 사람들이 포기하게 만드는 게 가장 좋다.

248 》》》》 随A去吧

누군가의 결정과 행동을 바꿀 수 없어 마음대로 하게 내버려 둠을 표시한다. 방법이 없다는 의미를 갖는다. 이때 A는 일반적으로 3인칭대명사 "他"가 온다. "由A去吧"로 쓸 수도 있다.

[예문] (1) 我老了, 孩子也大了, 他想干这一行就随他去吧。
　　Wǒ lǎole, háizi yě dàle, tā xiǎng gàn zhè yī háng jiù suí tā qù ba.
　　나는 늙었고, 아이도 컸으니, 그가 이 일을 하고 싶다면 그의 마음대로 하게 해라.

(2) 经理，你也别生气，他现在已经不是公司的人了，由他去吧。
Jīnglǐ, nǐ yě bié shēngqì, tā xiànzài yǐjīng búshì gōngsī de rénle, yóu tā qù ba.
사장님, 화내지 마세요. 그는 이제 이미 회사사람이 아니니, 그의 마음대로 하게 두세요.

(3) 她早就想走了，现在有这个机会，就随她去吧。
Tā zǎo jiù xiǎng zǒule, xiànzài yǒu zhège jīhuì, jiù suí tā qù ba.
그녀는 벌써부터 가고 싶어 했는데, 지금 기회가 생겼으니, 그녀의 뜻대로 하게 해라.

[유사표현] 随他的便　听之任之

249 >>>> 太阳从西边出来了

"해가 서쪽에서 뜨다"라는 의미로 모종의 현상에 대해 매우 의외임을 표시한다. 의심의 어기가 있다. 항상 "真是"와 함께 사용한다.

[예문] (1) 他今天一直在教室里学习。真是太阳从西边出来了啊!
Tā jīntiān yīzhí zài jiàoshì lǐ xuéxí. Zhēnshi tàiyáng cóng xībian chūláile a!
그가 오늘 계속 교실에서 공부했어. 정말 해가 서쪽에서 뜨겠구나.

(2) 你要不迟到，除非太阳从西边出来。
Nǐ yào bù chídào, chúfēi tàiyáng cóng xībian chūlái.
네가 정말 지각하지 않으려면 해가 서쪽에서 떠야한다.

(3) 啊，不睡懒觉了？真是太阳从西边出来了!
Ā, bú shuìlǎnjiàole? Zhēnshi tàiyáng cóng xībian chūláile!
아, 늦잠을 안 잤어? 정말 해가 서쪽에서 뜨겠구나.

[유사표현] 真没想到哇(정말로 뜻밖이다)
我真没想到你还有这么好的能力啊。
당신이 이렇게 좋은 능력이 있는 줄 정말 생각지 못했다.

250 >>>> 听你这么一说…

"당신이 말한 바에 의하면"이란 의미로 상대의 말에 근거하여 추리와 판단을 한다. "这么说"로도 말할 수 있다. 후반부에 추리와 판단의 내용이 온다.

[예문] (1) 我听你这么一说，你是不打算还我钱了？
Wǒ tīng nǐ zhème yī shuō, nǐ shì bù dǎsuàn huán wǒ qiánle?

네가 말하는 것을 들으니, 너는 내 돈을 갚지 않을 생각이니?

(2) 他出院没多久。听你这么一说，我还是不打搅他了。
Tā chūyuàn méi duōjiǔ. Tīng nǐ zhème yī shuō, wǒ háishi bù dǎjiǎo tāle.
그는 퇴원한지 얼마 되지 않았다. 네가 그렇게 말하면 나는 그를 방해하지 않는게 좋겠다.

(3) 我打算春节去南方旅游。这么说，你不准备在家过春节了？
Wǒ dǎsuàn chūnjié qù nánfāng lǚyóu. Zhème shuō, nǐ bù zhǔnbèi zàijiāguò chūnjiéle?
나는 설에 남쪽 지방으로 여행갈 계획이야. 그렇게 말하면, 너는 집에서 설을 보내지 않을 생각이니?

[유사표현] 如此说来(이렇게 말한다면)
如此说来，交一个与自己有共同点的朋友是可以带来很多好处的。
이렇게 말한다면 자신과 공통점이 있는 친구를 사귀면 많은 이점을 얻을 수 있다.

251 〉〉〉〉 退一步说

"한발 양보해서 말하면"이란 의미로 양보한 후 나타나는 상황 역시 변함없이 말한 사람의 언행을 지지한다. "即使…, 也…"와 같다. 후반에 양보한 후의 상황이 온다.

[예문] (1) 我一定能考上大学，退一步说，考不上大学，我也能养活自己。
Wǒ yídìng néng kǎo shàng dàxué, tuì yíbù shuō, kǎo bu shàng dàxué, wǒ yě néng yǎnghuo zìjǐ.
나는 대학에 반드시 합격할 수 있을 것이다. 설령 합격하지 않아도 스스로를 먹여 살릴 수 있다.

(2) 我不喜欢那套房子，退一步说，就是喜欢，我也买不起啊!
Wǒ bù xǐhuan nà tào fángzi, tuì yíbù shuō, jiùshì xǐhuan, wǒ yě mǎi bu qǐ a!
나는 그 집을 좋아하지 않는다, 설령 좋아해도, 나는 살 수 없다!

(3) 我觉得学外语是很有用的，退一步说，就算用不上，总可以教教孩子吧。
Wǒ juédé xué wàiyǔ shì hěn yǒuyòng de, tuì yíbù shuō, jiùsuàn yòng bu shàng, zǒng kěyǐ jiāo jiāo háizi ba.
내가 느끼기엔 외국어를 배우는 것은 유용하다, 설령 써먹지 못한다 해도, 아이를 가르칠 수 있지 않느냐.

[유사표현] 即使…，也…

252　我当是谁呢

누군가의 신분을 알고 난후 크게 깨달은 모습을 표시한다. 사후에 명백해짐을 표시한다. "是谁" 앞에 인칭대명사나 인명이 온다. 그리고 후반에 항상 "原来是…"가 온다.

예문

(1) 是大伟呀，我当是谁呢。这么晚了，找我有事吗?
Shì Dàwěi ya, wǒ dāngshi shéi ne. Zhème wǎnle, zhǎo wǒ yǒushì ma?
다윗이구나, 난 누군가 했네, 이렇게 늦었는데 무슨 일로 날 찾아왔니?

(2) 我当是谁呢，原来是他的叔叔啊。
Wǒ dāngshi shéi ne, yuánlái shì tā de shūshu a.
누군가 했네, 알고 보니 그의 삼촌이었구나.

(3) 一声大叫，吓我一跳。我当是谁呢，回头一看，原来是看门的老汉。
Yīshēng dà jiào, xià wǒ yī tiào. Wǒ dāngshi shéi ne, huítóu yí kàn, yuánlái shì kān mén de lǎohàn.
고함치는 소리가 나를 놀라게 했다. 누군가 해서 고개를 돌려 보니, 알고 보니 수위 할아버지였다.

유사표현　我以为是谁呢(난 또 누구라고)

253　我就知道…

이미 사건이 이렇게 될 것을 예상하고 있음을 표시한다. 후반에 절이나 동사구, 형용사구 등이 온다.

예문

(1) 妈妈，这次我得了第一名。
Māma zhè cì wǒ déle dì yī míng.
엄마, 이번에 제가 일등 했어요.

我就知道你准行。
Wǒ jiù zhīdào nǐ zhǔn xíng.
나는 네가 잘 해낼 줄 알았다.

(2) 那些活儿还是大家帮他干完的呢。
Nàxiē huór háishi dàjiā bāng tā gàn wán de ne.
그 일들은 모두가 그를 도와 끝낸 것이다.

我就知道他干不了。
Wǒ jiù zhīdào tā gàn bu liǎo.
나는 그가 못할 줄 알았지.

(3) 他的手机又丢了。
Tā de shǒujī yòu diūle.
그는 휴대폰을 또 잃어버렸다.

我就知道这个手机用不长，他老是丢三落四的。
Wǒ jiù zhīdào zhège shǒujī yòng bù cháng, tā lǎo shì diūsānlàsì de.
내가 이 휴대폰을 오래 못 쓸 줄 알았다, 그는 늘 정신이 없잖아.

[유사표현] 早料到… 果然不出我所料(과연 예상대로다)

254 (我)让你…

통한이나 분노를 표시한다. "我"는 때로는 생략가능하고 때로는 해당 구를 중복하여 사용할 수 있다.

[예문] (1) 我让你跑! 这回我看你往哪儿跑!
Wǒ ràng nǐ pǎo! Zhè huí wǒ kàn nǐ wǎng nǎr pǎo!
어딜 도망가려고! 이번에 네가 어디로 도망갈 수 있나보자!

(2) 让你不学! 将来毕不了业, 看你怎么办!
Ràng nǐ bù xué! Jiānglái bì buliǎo yè, kàn nǐ zěnme bàn!
공부하지 않다니! 장래에 졸업하지 못하면 어떻게 할지 보자!

(3) 让你胡说! 让你胡说! 看我不打歪你的嘴!
Ràng nǐ húshuō! Ràng nǐ húshuō! Kàn wǒ bù dǎ wāi nǐ de zuǐ!
헛소리, 헛소리하지 마. 내가 어떻게 널 혼내주나 보자!

[유사표현] 你再…

255 我说, …

"我说" 뒤의 내용은 누군가 자신이 하려는 말에 주의를 하고 있었음을 표시한다. 때로는 불만의 어기가 있다.

예문 (1) 哎，我说，咱们这是去哪儿啊？
Āi, wǒ shuō, zánmen zhè shì qù nǎr a?
에구, 내 말은, 우리 어디 가는 거지?

你不是说肚子饿了吗？吃饭去。
Nǐ búshì shuō dùzi è le ma? Chīfàn qù.
너 배가 고프다고 하지 않았어? 밥먹으러 가자.

(2) 我说，过几天就放假了，咱们到哪儿玩儿去？
Wǒ shuō, guò jǐ tiān jiù fàngjiàle, zánmen dào nǎr wánr qù?
내 말은, 며칠 뒤면 방학인데, 우리 어디로 놀러 가지?

去桂林吧，怎么样？
Qù Guìlín ba, zěnme yàng?
꾸이린 가자, 어때?

(3) 我说，该休息了吧，时间不早了。
Wǒ shuō, gāi xiūxile ba, shíjiān bù zǎole.
내 말은, 쉬어야 하지 않겠어, 시간이 늦었어.

哎哟，都快十二点了。
Āiyō, dōu kuài shí'èr diǎnle.
에구머니나, 이미 열두시가 다 되가네.

256 >>>> 我说A 怎么B 呢，原来…

사건이 발생한 원인을 알고 있음을 표시한다. 이때 A는 대명사, 명사 혹은 명사구, B는 동사나 동사구 혹은 형용사가 온다. 형용사 앞에 항상 "这么", "那么" 등의 단어가 온다. 또 "原来" 뒤에는 원인을 표시하는 구문이 온다.

예문 (1) 我说他怎么知道呢，原来是你告诉他的。
Wǒ shuō tā zěnme zhīdào ne, yuánlái shì nǐ gàosu tā de.
나는 그가 어떻게 알았나 했네, 알고 보니 네가 그에게 알려준 거구나.

(2) 我说这人的钢琴怎么弹得这么好呢，原来他就是郎朗啊。
Wǒ shuō zhè rén de gāngqín zěnme tán de zhème hǎo ne, yuánlái tā jiùshì Lǎnglǎng a.
나는 이 사람의 피아노 연주가 왜 이렇게 좋나 했네, 알고 보니 그가 바로 랑랑이구나.

(3) 我说他英语怎么说得那么好呢，原来他在美国留过学。
Wǒ shuō tā Yīngyǔ zěnme shuō de nàme hǎo ne, yuánlái tā zài Měiguó liúguò xué.

나는 그의 영어 회화가 왜 이렇게 좋나 했지, 알고 보니 그는 미국에서 유학했었구나.

[유사표현] 怪不得… 原来如此(원래 이렇다)

257 >>>> 我说(的)怎么样

모종 사건의 발생이 자신의 예상을 벗어나지 않음을 강조하고 만족하는 어감이 있다. 이때 "的"자는 때로는 생략이 가능하다.

[예문] (1) 赵丽果真来找你了。我说(的) 怎么样?
Zhào Lì guǒzhēn lái zhǎo nǐle. Wǒ shuō (de) zěnme yàng?
자오리가 과연 너를 찾아왔어. 내말이 맞지?

(2) 哟, 真下起雨来了! 我说怎么样? 刚才你还不信。
Yō, zhēnxià qǐ yǔ láile! Wǒ shuō zěnme yàng? Gāngcái nǐ hái búxìn.
우와, 진짜 비가 오기 시작했어. 내가 그랬지? 방금은 안 믿더니.

(3) 我说怎么样? 才一个星期, 他就可以下床活动了.
Wǒ shuō zěnme yàng? Cái yígè xīngqī, tā jiù kěyǐ xià chuáng huódòngle.
내가 그랬지, 일주일 밖에 안 되었는데, 그가 침대에 내려와 활동할 수 있잖아.

[유사표현] 我说的没错吧(내말이 맞지요)

258 >>>> 我说呢

"내가 그럴거라고 했지"라는 의미로 전체 상황을 이해한 후, 나타나는 상황이 의외가 아님을 표시한다. "원래 이와 같음(原来如此)" 이라는 의미를 갖는다. 주로 상황이 발생한 후의 답변에 사용한다.

[예문] (1) 赵明怎么没来? 几天没见到他了。他病了。我说呢。
Zhào Míng zěnme méi lái? Jǐ tiān méi jiàn dào tāle. Tā bìngle. Wǒ shuō ne.
자오밍 왜 안 오니? 며칠 그를 보지 못했다.

他病了。我说呢。
Tā bìngle. Wǒ shuō ne.
그가 아파요. 내가 그럴 거라고 했잖아.

(2) 哟, 小王, 今天怎么这么高兴啊?
Yō, Xiǎo Wáng, jīntiān zěnme zhème gāoxìng a?

야, 샤오왕, 오늘 왜 이렇게 신났니?

告诉你吧，我当妈妈了。我说呢，恭喜恭喜!
Gàosu nǐ ba, wǒ dāng māma le. Wǒ shuō ne, gōngxǐ gōngxǐ!
말해줄게, 나 엄마가 되었어. 내가 그럴 거라고 했잖아, 축하해!

(3) 小刘和女朋友吹了。
Xiǎo Liú hé nǚ péngyou chuīle.
샤오리우와 여자 친구가 깨졌대.

我说呢，刚才叫他一起吃饭他都不去。
Wǒ shuō ne, gāngcái jiào tā yīqǐ chīfàn tā dōu bú qù.
내가 그럴 거라고 했잖아, 아까 그에게 같이 밥 먹자고 했는데, 가지 않더라고.

[유사표현] 怪不得(그럴줄 알다)　原来如此(원래 그래요)

259 》》》》 我说呀

주로 자신의 견해나 건의를 말할 때 사용한다. 뒤에 자신의 견해와 건의가 온다. "要我说呀"로 말할 수 있다.

[예문] (1) 咱们包饺子还是包包子?
Zánmen bāo jiǎozi háishì bāo bāozi?
우리 물만두를 빚을까, 왕만두를 빚을까?

(要)我说呀，包包子吧，省事儿。
(Yào) wǒ shuō ya, bāo bāozi ba, shěngshìr.
내가 볼 땐, 왕만두가 좋겠어, 일을 줄일 수 있잖아.

(2) 你说让孩子学钢琴还是学小提琴?
Nǐ shuō ràng háizi xué gāngqín háishi xué xiǎotíqín?
아이에게 피아노를 배우게 할까 아니면 바이올린을 배우게 할까?

(要)我说呀，还是学武术吧，多运动运动。
(Yào) wǒ shuō ya, háishi xué wǔshù ba, duō yùndòng yùndòng.
내 생각에는, 무술을 배우는 게 좋겠다, 운동을 많이 해야지.

(3) 苏晨今天是怎么了? 时间到了还不来。
Sū Chén jīntiān shì zěnmele? Shíjiān dàole hái bù lái.
쑤천 오늘 무슨 일 있어? 시간이 되었는데 아직 안왔네.

(要)我说呀，肯定是路上塞车了，他一般是不会迟到的。
(Yào) wǒ shuō ya, kěndìng shì lùshàng sāichēle, tā yībān shì bú huì chídào de.

내가 볼 땐, 아마도 길이 막혀서 일 것이다. 그는 보통 지각을 하지 않는다.

[유사표현] 我觉得　要我说呀　照我说呀

260 >>>> 我说怎么…呢

상대의 설명을 들은 후, 사건 발생 원인을 이해함을 표시한다. "그럴 줄 알았다.(怪不得)"는 의미가 있다. "怎么" 뒤에 항상 지시대명사 "这么", 혹은 "那么"가 온다.

[예문] (1) 赵明感冒了，没来。
Zhào Míng gǎnmàole, méi lái.
자오밍이 감기에 걸려서 오지 않았다.

我说怎么没见到他呢。
Wǒ shuō zěnme méi jiàn dào tā ne.
어쩐 그가 안 보인다 했다.

(2) 前几天他跟女朋友分手了。
Qián jǐ tiān tā gēn nǚ péngyou fēnshǒule.
며칠 전에 그는 여자 친구와 헤어졌다.

我说他脸色怎么这么难看呢。
Wǒ shuō tā liǎnsè zěnme zhème nánkàn ne.
어쩐 그의 안색이 왜 그렇게 안 좋은가 했다.

(3) 我们下周就要考试了。
Wǒmen xià zhōu jiù yào kǎoshìle.
우리 다음 주에 시험을 봐야한다.

我说你怎么这么用功呢。
Wǒ shuō nǐ zěnme zhème yònggōng ne.
어쩐 네가 열심히 공부한다 했다.

[유사표현] 怪不得　原来如此

261 >>>> 无所谓A不A

언급할 필요나 가치가 없음을 표시한다. 혹은 정도에 미달함을 표시한다. 이때 A는 명사, 동사, 형용사 혹은 동사구 등이다.

예문 (1) 这些问题无所谓难不难，会了就不难。
Zhèxiē wèntí wú suǒ wèi nán bù nán, huìle jiù bù nán.
이런 문제들은 어렵고 쉬움은 상관없고, 할 줄 알면 어렵지 않다.

(2) 周教授，让您请客真是不好意思。
Zhōu jiàoshòu, ràng nín qǐngkè zhēnshi bù hǎoyìsi.
주교수님, 당신께 대접 받다니 정말 죄송스럽네요.

我今天只是请大家顺便坐坐，无所谓请客不请客。
Wǒ jīntiān zhǐshì qǐng dàjiā shùnbiàn zuò zuò, wú suǒ wèi qǐngkè bù qǐngkè.
나는 오늘 단지 여러분과 겸사겸사 앉은 것이지요. 접대랄 꺼 까지는 아닙니다.

(3) 没想到你对这个问题也有研究。
Méi xiǎngdào nǐ duì zhège wèntí yě yǒu yánjiū.
네가 이 문제에 대해서도 연구를 했는지 몰랐다.

无所谓研究不研究，只是爱好而已。
Wú suǒ wèi yánjiū bù yánjiū, zhǐshì àihào éryǐ.
연구랄 것까지는 아니고, 단지 취미일 뿐이야.

유사표현 说不上　谈不上

262　(先)…再说

시간이 좀 지난 후나, 혹은 모종의 동작이 완성된 후 다시 생각하거나 처리함을 가리킨다. 삽입성분은 동사 혹은 동사구로 모종 행위를 표시한다. 또 "先"은 생략할 수도 있다.

예문 (1) 你等我一下，我(先)喝口水再说。
Nǐ děng wǒ yíxià, wǒ (xiān) hē kǒushuǐ zàishuō.
잠깐만 기다려라, 나 물 좀 마시고 다시 이야기하자.

(2) 你看什么急呀！让我想想再说。
Nǐ kàn shénme jí ya! Ràng wǒ xiǎng xiǎng zàishuō.
너 뭐가 그리 급하니! 생각 좀 해보고 다시 이야기하자.

(3) 你的问题我们研究研究再说，你再耐心等两天。
Nǐ de wèntí wǒmen yánjiū yánjiū zàishuō, nǐ zài nàixīn děng liǎng tiān.
너의 문제는 우리가 연구해보고 다시 이야기 하자, 며칠만 더 참고 기다려 달라.

유사표현 别着急(서두르지 말라)　再等等(좀더 기다려라)

263 〉〉〉〉 怎么A都B

"뭐라 할지라도 상관이 없음"을 표현한다. "不管怎样都…(…라해도 상관없음)", "不管怎样都不…(…가 아니어도 상관없음)"와 같은 의미다. 이때 A와 B는 동사 동사구 혹은 구문이다. 그리고 B는 부정형식을 사용할 수 있다.

예문 (1) 我做得不对的话，你们怎么说我都行。
　　　　Wǒ zuò de búduì dehuà, nǐmen zěnme shuō wǒ dōu xíng.
　　　　내가 만약 틀린다면, 너희가 뭐라고 해도 난 괜찮다.

(2) 这种病真怪，怎么治都不见好转。
　　Zhè zhǒng bìng zhēn guài, zěnme zhì dōu bújiàn hǎozhuǎn.
　　이런 종류의 병은 참 이상하다, 어떤 치료를 해도 호전되어 보이지 않는다.

(3) 我怎么劝他都不听，最后他还是坚持自己的意见。
　　Wǒ zěnme quàn tā dōu bù tīng, zuìhòu tā háishi jiānchí zìjǐ de yìjiàn.
　　내가 어떻게 충고해도 그는 듣지 않고, 최후에 그는 자신의 의견을 고수했다.

유사표현 无论…，都…(…라고 할지라도, 다 …하다)

264 〉〉〉〉 想 + 동사 不想 + 동사的

"유예, 주저함, 그다지 원하지 않음"등을 표시하고 불만의 어기를 갖는다.

예문 (1) 你想走不想走的，到底去不去呀?
　　　　Nǐ xiǎng zǒu bùxiǎng zǒu de, dàodǐ qù bú qù ya?
　　　　너 갈까 말까 뭘 망설여, 도대체 가는 거야 마는 거야?

(2) 你瞧他想干不想干的，哪儿是在上班啊!
　　Nǐ qiáo tā xiǎng gàn bù xiǎng gàn de, nǎr shì zài shàngbān a!
　　너 그가 하는 둥 마는 둥 하는 걸 봐라, 이게 일하고 있는 거니!

(3) 他的检讨写好了没有?
　　Tā de jiǎntǎo xiě hǎole méiyǒu?
　　그의 반성문은 다 쓴 거니?

　　我看他想写不想写的，半天也没写几个字。
　　Wǒ kàn tā xiǎng xiě bùxiǎng xiě de, bàntiān yě méi xiě jǐ gè zì.
　　내가 볼 땐 그는 쓰는 둥 마는 둥 한다. 반나절동안 몇 자 쓰지 못했다.

265 >>>> 想A就A

모든 것이 자신의 소원에 따라 행함을 표시한다. A는 주로 동사나 동사구가 온다. A 앞에 "怎么", "什么时候" 등의 의문대명사를 삽입할 수 있다.

예문 (1) 自从有了手机，想打电话就打电话，真方便。
Zìcóng yǒule shǒujī, xiǎng dǎ diànhuà jiù dǎ diànhuà, zhēn fāngbiàn.
휴대폰이 있은 후부터, 전화를 하고 싶으면 할 수 있게 되서 정말 편리하다.

(2) 只要不违法，你想怎么干就怎么干，我们绝不干涉。
Zhǐyào bù wéifǎ, nǐ xiǎng zěnme gàn jiù zěnme gàn, wǒmen jué bù gānshè.
위법하지만 안으면 하고 싶은 대로 해라, 우리는 절대 간섭하지 않겠다.

(3) 这种折叠自行车，想收就收，想打开就打开，真是太方便了！
Zhè zhǒng zhédié zìxíngchē, xiǎng shōu jiù shōu, xiǎng dǎkāi jiù dǎkāi, zhēnshi tài fāngbiànle!
이런 접이식 자전거는 정리할 때 정리하고, 열고 싶을 때 열고 정말 편리하다.

[유사표현] 随心所欲(뜻대로 하다)
悠悠然随心所欲地活着 (유유자적하며 마음대로 생활하다)

266 >>>> 像那么回事儿

누군가의 언행이 일정한 표준에 충분함을 표시한다. 앞에 항상 "真", "挺" 등의 정도부사가 온다. 이때 부정형식은 "不像那么回事儿"이다.

예문 (1) 五岁的儿子往台上一站，当起了小主持人，还挺像那么回事儿。
Wǔ suì de érzi wǎng tái shàng yí zhàn, dāng qǐle xiǎo zhǔchí rén, hái tǐng xiàng nàme huí shìr.
다섯 살난 아들이 무대에 서서 사회를 보고 있으니, 정말 그럴 듯하다.

(2) 别看他才学了五个月书法，可写的字还真像那么回事儿。
Bié kàn tā cáixuéle wǔ gè yuè shūfǎ, kě xiě de zì hái zhēn xiàng nàme huí shìr.
그가 서예를 5개월밖에 배우지 않았다고 생각지 마라, 쓰는 글자는 정말 그럴 듯하다.

(3) 你看我这身打扮像不像影视明星？
Nǐ kàn wǒ zhè shēn dǎbàn xiàng bú xiàng yǐngshì míngxīng?
봐봐, 내가 치장한 게 영화배우 같지 않니?

得了吧，我看不像那么回事儿。
Déle ba, wǒ kàn bú xiàng nàme huí shìr.
됐다, 내가 볼 땐 그런 것 같지 않다.

267 像什么话

"불합리함"이나 "좋지 않음"을 표시한다. 때로는 비평, 불안의 어기를 갖는다. 전면에 때로는 지시대명사 "这", "那"가 온다. 또 "像话吗"로 쓸 수도 있다.

(1) 明明是自己做错了，还怨别人，像什么话?
Míngmíng shì zìjǐ zuò cuòle, hái yuàn biérén, xiàng shénme huà?
분명히 스스로의 잘못인데, 다른 사람을 원망하다니, 말이나 되니?

(2) 你看看你的房间，乱成什么样儿了？像话吗?
Nǐ kàn kàn nǐ de fángjiān, luàn chéng shénme yàngr le? Xiànghuà ma?
너 네 방 좀 봐라, 이 지경까지 어지르다니, 말이 되니?

(3) 你家人多，这些月饼你都拿去吧。
Nǐ jiā rén duō, zhèxiē yuèbǐng nǐ dōu ná qù ba.
너희 가족도 많은데, 이 월병은 네가 다 가져가라.

这像什么话？我哪能都拿走呢？怎么也得给你留一盒吧。
Zhè xiàng shénme huà? Wǒ nǎ néng dōu ná zǒu ne? Zěnme yě děi gěi nǐ liú yī hé ba.
그게 말이나 되니? 내가 어떻게 다 가져가, 어떻게 해도 한 상자는 남겨야지.

유사표현 什么样儿   像话吗(뭔 소리)

268 像什么样子

누군가의 언행이 부적합함을 표시한다. 그 신분과 형상에 부합하지 않음을 표시한다. 책망이나 질문의 어기가 있다. "像什么样儿"로 쓸 수도 있다.

(1) 这么严肃的场合，你这身打扮像什么样子!
Zhème yánsù de chǎnghé, nǐ zhè shēn dǎbàn xiàng shénme yàngzi!
이렇게 엄숙한 장소에 너 이런 차림이라니 꼴이 이게 뭐냐!

(2) 有意见可以提，你当着那么多人的面跟他吵，像什么样子?
Yǒu yìjiàn kěyǐ tí, nǐ dāngzhe nàme duō rén de miàn gēn tā chǎo, xiàng shénme yàngzi?

반대하면 제기할 수 있어, 너는 그렇게 많은 사람들 앞에서 그와 다투다니, 꼴 불견이다!

(3) 你成天泡在网吧里, 像什么样子! 还像个中学生吗?
Nǐ chéngtiān pào zài wǎngbā lǐ, xiàng shénme yàngzi! Hái xiàng gè zhōngxuéshēng ma?
너 온종일 PC방에 있더니 꼴이 이게 뭐니! 이게 중학생이니?

[유사표현] 太不像话(꼴 불견이다, 어처구니 없다) 像什么样儿
他太不像话了, 什么乌七八糟的书都看。
그는 정말 꼴불견이다, 무슨 엉터리 같은 책을 다 본다.

269 >>>> (要) 동사 + 就 + 동사…

"만약…하면 …하다"란 의미로 모종의 의견을 제출함 혹은 모종의 선택을 함을 표시한다. "要"는 생략할 수 있다.

[예문] (1) 我觉得电视剧没意思(要)看就看球赛。
Wǒ juédé diànshìjù méiyìsi (yào) kàn jiù kàn qiúsài.
내가 느끼기엔 드라마는 별 재미가 없고, 보면 축구를 봐야지.

(2) 难得在外面吃顿饭, (要)去就去个上档次的饭店。
Nándé zài wàimiàn chī dùn fàn, (yào) qùjiù qù gè shàng dàngcì de fàndiàn.
밖에서 밥 한번 먹기 어려운데, 가면 좋은 식당에 가서 먹어야지.

(3) 你说我们买哪种洗衣机?
Nǐ shuō wǒmen mǎi nǎ zhǒng xǐyījī?
네가 볼 땐 우리 어떤 종류의 세탁기를 사야할까?

(要)买就买最好的, 贵一点儿也没关系。
(Yào) mǎi jiù mǎi zuì hǎo de, guì yīdiǎnr yě méiguānxì.
사려면 가장 좋은 걸 사야지, 조금 비싸도 괜찮아.

[유사표현] 如果… , 就… ; 要… , 就….

270 >>>> 要A有A, 要B有B

조건이 좋음을 표시한다. 각 방면에서 요구나 표준점에 모두 부합함을 표시한다. A와 B는 명사나 명사구이다. 그리고 부정형식은 "要A没(有)A, 要B没(有)B"다.

예문 (1) 我们学校有了很大发展，要校舍有校舍，要教师有教师，教学质量有了明显提高。
Wǒmen xuéxiào yǒule hěn dà fāzhǎn, yào xiàoshè yǒu xiàoshè, yào jiàoshī yǒu jiàoshī, jiàoxué zhìliàng yǒule míngxiǎn tígāo.
우리 학교는 큰 발전이 있었다. 학교 건물도 좋고, 선생님도 좋고, 교학의 질도 확실히 높아졌다.

(2) 小杨要长相有长相，要身材有身材，还愁找不到对象?
Xiǎo Yáng yào zhǎngxiàng yǒu zhǎngxiàng, yào shēncái yǒu shēncái, hái chóu zhǎo bu dào duìxiàng?
샤오양은 외모도 출중하고, 몸매도 좋은데 대상을 찾지 못할까 고민하니?

(3) 过去我们是要人没人，要粮没粮，现在是要什么有什么，怕什么?
Guòqù wǒmen shì yào rén méi rén, yào liáng méi liáng, xiànzài shì yào shénme yǒu shénme, pà shénme?
과거에 우리는 사람을 원했지만 없었고, 식량을 원했지만 없었는데, 지금은 원하면 다 있으니, 뭐가 두렵냐.

유사표현 什么都有(뭐든 다 있다)

271 >>>> 要多 + 형용사 有多 + 형용사

과장된 의미로 정도가 매우 높음을 강조한다.

예문 (1) 昨天的球赛要多精彩有多精彩，你没看太可惜了！
Zuótiān de qiúsài yào duō jīngcǎi yǒu duō jīngcǎi, nǐ méi kàn tài kěxíle!
어제의 구기시합은 정말 훌륭했다, 네가 못 봤다니 정말 안타깝다.

(2) 你这么一打扮，要多难看有多难看，赶快换掉吧！
Nǐ zhème yī dǎ bàn, yào duō nán kàn yǒu duō nán kàn, gǎnkuài huàn diào ba!
네가 이렇게 치장한 것이 정말 보기 좋지 않으니, 빨리 바꿔라!

(3) 那个地方要多热有多热，我才不去呢！
Nàgè dìfāng yào duō rè yǒu duō rè, wǒ cái bú qù ne!
그 곳은 매우 더워서 나는 가지 않는다!

유사표현 太… 非常… 特别…

272 ▸▸▸▸ 要说…(啊)

모종의 사건이나 사람을 언급함을 말한다. 문미의 "啊"는 생략도 가능하다.

(1) 要说癌症，其实也没那么可怕，只要早发现，还是可以治愈的。
Yào shuō áizhèng, qíshí yě méi nàme kěpà, zhǐyào zǎo fāxiàn, háishi kěyǐ zhìyù de.
암에 대해 말하자면, 사실은 크게 무서울 것이 없다, 일찍만 발견한다면, 완치 할 수 있다.

(2) 要说我儿子(啊)，那真是个十足的小军事迷。
Yào shuō wǒ érzi (a), nà zhēnshi gè shízú de xiǎo jūnshì mí.
내 아들을 말하자면, 그는 정말 대단한 군대마니아야.

(3) 别的不行，但要说做菜啊，你们谁也比不上我。
Bié de bùxíng, dàn yào shuō zuò cài a, nǐmen shéi yě bǐ bu shàng wǒ.
다른 것은 안 되지만, 요리로 말하자면 너희 중 누구도 나와 비교가 되지 않는다.

[유사표현] 说起…

273 ▸▸▸▸ 早干什么去了

"너무 늦었다"라는 의미로 지금 후회하거나 서둘러도 이미 소용이 없음을 나타내며 불만스런 감정을 표현한다. 일반적으로 제2인칭, 제3인칭을 사용한다.

(1) 现在会这门技术就好了。
Xiànzài huì zhè mén jìshù jiù hǎole.
지금 이런 기술이 있었으면 좋았을 텐데.

你早干什么去了？现在后悔了？
Nǐ zǎo gànshénme qùle? Xiànzài hòuhuǐle?
너 너무 늦은 거 아니야? 지금 후회하기엔?

(2) 你早干什么去了？现在找我，我也没办法。
Nǐ zǎo gànshénme qùle? Xiànzài zhǎo wǒ, wǒ yě méi bànfǎ.
너 이미 늦은 거 아니야? 지금 나를 찾아와도, 나도 방법이 없어.

(3) 你现在觉得这辆车不好了，早干什么去了？当初怎么劝你都不听。
Nǐ xiànzài juéde zhè liàng chē bù hǎole, zǎo gànshénme qùle? Dāngchū zěnme quàn nǐ dōu bù tīng.

네가 지금 이 차가 안 좋다고 생각하기엔, 이미 늦은 거 아니야? 당시에 내가 충고해도 듣지 않더니.

유사표현 现在后悔了吧(지금 후회되지)　早知如此, 何必当初
早知如此, 何必当初呢, 这些事情都死你自找的。
이미 이럴 줄 알았지. 왜 처음부터 그랬어. 이 일은 다 당신이 자초한 거다.

274　早A就B了

만약 적당한 방식을 빨리 선택하거나 모종의 조건을 구비하면 비교적 좋은 결과를 낳을 수 있음을 표시한다. 원망, 후회의 어기가 있다. 이때 A는 주로 동사나 동사구, B는 항상 형용사 "好", 혹은 동사성 단어를 사용한다.

예문　(1)　你早听我的就不会上他的当了, 现在后悔有什么用?
　　　　　Nǐ zǎo tīng wǒ de jiù bú huì shàng tā de dàng le, xiànzài hòuhuǐ yǒu shéme yòng?
　　　　　너 일찍 내 말을 들었으면 그에게 사기 당할 리 없었을 텐데, 지금 후회해야 무슨 소용이니?

　　　　(2)　他刚走, 你早来一会儿就好了。
　　　　　Tā gāng zǒu, nǐ zǎolái yīhuǐr jiù hǎole.
　　　　　그는 방금 떠났어요, 조금 일찍 왔으면 좋았을 텐데요.

　　　　(3)　早出来几分钟就好了, 又没赶上车, 都是你!
　　　　　Zǎo chūlái jǐ fēnzhōng jiù hǎole, yòu méi gǎn shàng chē, dōu shì nǐ!
　　　　　몇 분만 일찍 나왔으면 좋았을 텐데, 차도 놓치고, 다 너 때문이야.

275　…也就罢了(算了), …

모종의 상황이 나타난다면 깊이 추구할 필요가 없음을 표시한다. 전 반구는 가정 상황으로 "如果(만약)" 등이 오고 후반 구는 왕왕 전환의 의미가 있다. 또 "罢了"는 "算了"로 대신할 수 있다.

예문　(1)　这件事你不提起也就罢了, 既然提起了, 我倒要问问清楚。
　　　　　Zhè jiàn shì nǐ bù tíqǐ yě jiù bàle, jìrán tíqǐle, wǒ dào yào wèn wèn qīngchu.
　　　　　이 일은 네가 얘기하지 않으면 상관없지만, 기왕 얘기가 나왔으니 나는 도리어 정확하게 물어봐야겠다.

(2) 如果他能按时把钱还上也就算了，可是他现在根本就没钱可还。
Rúguǒ tā néng ànshí bǎ qián huánshàng yě jiù suànle, kěshì tā xiànzài gēnběn jiù méi qián kě huán.
만약 그가 제 시간에 돈을 갚으면 상관없지만, 그는 지금 전혀 갚을 돈이 없다.

(3) 你认识到自己的错误也就算了，我们原谅你这一回。
Nǐ rènshí dào zìjǐ de cuòwù yě jiùsuànle, wǒmen yuánliàng nǐ zhè yī huí.
네가 스스로의 잘못을 알았으면 되었다. 우리가 이번에는 너를 용서해줄게.

[유사표현] 如果… 就算了(만약 …하면 되었다)
如果信不过也就算了。(만약 믿지 못한다면 되었다)

276 一A(就)A了…

짧은 시간동안 많은 것을 함을 표시한다. 때로는 "자신도 모르게"라는 뜻도 있다. A는 동사가 오고 뒤에 항상 수량을 표시하는 말이 따른다. 또 "就"는 생략이 가능하다.

(1) 他一买买了一大堆营养品，把小桌堆得满满的。
Tā yī mǎi mǎile yí dà duī yíngyǎng pǐn, bǎ xiǎo zhuō duī de mǎn mǎn de.
그는 한 번에 작은 책상에 가득 쌓일 정도의 엄청난 영양보조제를 샀다.

(2) 你真行，就这么一件小事，你一说说了俩小时，不累吗?
Nǐ zhēnxíng, jiù zhème yí jiàn xiǎoshì, nǐ yī shuō shuōle liǎ xiǎoshí, bú lèi ma?
너 정말 대단하다, 이렇게 작은 일도 두 시간이나 얘기하다니, 안 피곤해?

(3) 谁想到他这一去就去了三个小时，下午的计划全泡汤了。
Shéi xiǎngdào tā zhè yí qù jiù qùle sān ge xiǎoshí, xiàwǔ de jìhuà quán pàotāngle.
누가 그가 한 번 가더니 세 시간이나 걸릴 것이라고 생각했겠느냐, 오후의 계획은 물거품이 되었다.

277 一A就是B

모종의 상황이 일단 발생하면 정도가 매우 높고 수량이 많음을 표시한다. 이때 A는 주로 동사나 동사구가 오고, B는 수량사가 온다.

(1) 你在电脑前一坐就是几小时，时间长了能不得病吗?
Nǐ zài diànnǎo qián yí zuò jiùshì jǐ xiǎoshí, shíjiān cháng le néng bù dé bìng ma?

너는 컴퓨터에 앉으면 몇 시간인데, 오래되면 병이 안 걸리겠느냐?

(2) 这孩子一发起烧来就是三十八九度，赶紧送医院吧。
Zhè háizi yí fā qǐ shāo lái jiùshì sānshíbājiǔ dù, gǎnjǐn sòng yīyuàn ba.
이 아이는 열이 나면 38…9도까지 오르니, 빨리 병원으로 옮겨라.

(3) 他们要么不来，一来就是一大帮。
Tāmen yàome bù lái, yī lái jiùshì yí dà bāng.
그들이 오지 않을 수도 있지만, 오기만 하면 큰 도움이 된다.

278 〉〉〉〉 有A呢

의존하는 바가 있어 걱정할 필요가 없음을 표시한다. 이때 A는 명사나 인칭대명사로 사람을 표시한다.

(1) 这里怎么这么黑呀？别害怕，有妈妈呢。
Zhèlǐ zěnme zhème hēi ya? Bié hàipà, yǒu māma ne.
여기 왜 이렇게 어두워? 너무 무서워하지 마, 엄마가 있잖아.

(2) 以后他再来找麻烦怎么办？这里有我呢，他敢再来!
Yǐhòu tā zàilái zhǎo máfan zěnme bàn? Zhè li yǒu wǒ ne, tā gǎn zàilái!
다음에 그가 또 와서 귀찮게 하면 어떡하지? 여기는 내가 있잖아. 그가 감히 다시 올수 있나.

(3) 你们放心走吧，如果遇到什么问题，有办事处呢。
Nǐmen fàngxīn zǒu ba, rúguǒ yù dào shénme wèntí, yǒu bànshì chù ne.
너희 마음 편하게 가. 만약 무슨 일이 생기면, 사무처가 있잖아.

279 〉〉〉〉 有句话不知当讲不当讲

적당하지 않은 말을 하려는 것을 표시한다. 동의를 구하는 어기를 갖고 있다. 말을 듣고 나서 화를 내지 말라는 의미도 있다. 아랫사람이 윗사람에게 혹은 후배가 선배에게 주로 사용한다.

(1) 队长，有句话不知当讲不当讲…
Duìzhǎng, yǒu jù huà bùzhī dāng jiǎng bùdāng jiǎng…
단장님, 드릴 말씀이 있는데 말씀드려도 될지….

有话就说，别吞吞吐吐的。
Yǒu huà jiù shuō, bié tūntūntǔtǔ de.
할 말 있으면 해, 우물쭈물하지 말고.

(2) 大哥，有句话不知当讲不当讲…。
Dàgē, yǒu jù huà bùzhī dāng jiǎng bùdāng jiǎng….
형님, 드릴 말씀이 있는데 말씀드려도 될지….

咱俩之间还有什么不能讲的？讲!
Zán liǎ zhī jiān hái yǒu shéme bùnéng jiǎng de? Jiǎng!
우리 사이에 못할 말이 뭐 있니? 말해봐!

(3) 徐总，有句话不知当讲不当讲…
Xú zǒng, yǒu jù huà bùzhī dāng jiǎng bùdāng jiǎng…
서 사장님, 드릴 말씀이 있는데 말씀드려도 될지…

尽管说，说错了我也不会怪罪你的。
Jǐnguǎn shuō, shuō cuòle wǒ yě bú huì guàizuì nǐ de.
얼마든지 말해요. 틀려도 당신을 책망하지 않을거에요.

280 >>>> 有什么A的

어떤 일을 할 가치가 없거나 그렇게 생각하지 않음을 표시한다. "什么"는 "啥"로 바꿀 수 있다. 반문 구에서 사용한다. 이때 A는 형용사, 동사 혹은 동사구가 온다.

[예문] (1) 不就是一场比赛吗，有什么紧张的？
Bú jiùshì yī chǎng bǐsài ma, yǒu shéme jǐnzhāng de?
그냥 시합일 뿐 아니냐, 긴장할게 뭐 있어?

(2) 烤红薯有什么好吃的？明天我带你去吃肯德基。
Kǎo hóngshǔ yǒu shéme hǎo chī de? Míngtiān wǒ dài nǐ qù chī kěndéjī.
군고구마가 뭐가 맛있어? 내일 내가 너 데리고 KFC가줄게.

(3) 彩发有什么大惊小怪的？现在的时髦青年都这样!
Cǎifā yǒu shéme dàjīngxiǎoguài de? Xiànzài de shímáo qīngnián dōu zhèyàng!
염색이 놀랄게 뭐 있니? 요즘 유행에 정통한 젊은이들은 다 그렇다!

[유사표현] 不值得(…할 가치가 없다) 没必要(…할 필요가 없다)

281 >>>> 有什么好(可)A的

모종의 사건이 가치가 없거나 할 필요가 없음을 표시한다. 이때 A는 동사가 온다. "好"와 "可"는 교환가능하다.

예문 (1) 我没做什么事情，有什么好说的。
Wǒ méi zuò shénme shìqíng, yǒu shéme hǎo shuō de.
나는 별 일을 하지 않아서, 별로 말 할게 없다.

(2) 这种杂志有什么可看的，还不如买份报纸看看呢。
Zhè zhǒng zázhì yǒu shéme kě kàn de, hái bùrú mǎi fèn bàozhǐ kàn kàn ne.
이 잡지가 뭐가 볼게 있냐, 신문을 사서 보는 것이 더 낫다.

(3) 那地方有什么可留恋的? 你居然还不想离开。
Nà dìfāng yǒu shéme kě liúliàn de? Nǐ jūrán hái bùxiǎng líkāi.
그 곳에 미련을 둘게 뭐있냐, 너 의외로 떠나고 싶어 하지 않는구나.

유사표현 不值得   没必要

282 >>>> 又让我 + 동사

모종의 일을 매우 하기 싫어함을 표시한다. "又"는 강조의 의미가 있지만 반드시 "또"라는 의미는 아니다.

예문 (1) 又让我去出差，怎么不叫别人去?
Yòu ràng wǒ qù chūchāi, zěnme bú jiào biérén qù?
번번히 나보고 출장을 가라니, 왜 다른 사람을 보내지 않는 거지?

(2) 刚写完总结，又让我写报告，能让我休息一会儿吗?
Gāng xiě wán zǒngjié, yòu ràng wǒ xiě bàogào, néng ràng wǒ xiūxi yīhuǐr ma?
막 결론을 썼는데, 다시 나에게 보고서를 쓰라니, 좀 쉬게 해주면 안 되나요?

(3) 又让我写作业，再让我玩儿一会儿吧。
Yòu ràng wǒ xiě zuòyè, zài ràng wǒ wánr yīhuǐr ba.
또 나보고 숙제를 하라니, 조금만 더 놀게 해주세요.

283 >>>> 再+형용사 + 不过了

"가장 …하다"란 의미로 정도가 최고도에 도달함을 표시한다.

예문 (1) 我觉得我妈妈做的饭再好吃不过了。
Wǒ juédé wǒ māma zuò de fàn zài hǎo chī bu guòle.
내 생각에는 우리 엄마가 해준 밥이 가장 맛있다.

(2) 如果你能来看我的演出，那就再好不过了。
Rúguǒ nǐ néng lái kàn wǒde yǎnchū, nà jiù zài hǎo bu guòle.
만약 네가 내 공연에 와서 봐준다면, 더 좋을 것이 없을 것이다.

(3) 对他来说，这是件再简单不过的事了。
Duì tā lái shuō, zhè shì jiàn zài jiǎndān bu guò de shìle.
그에게 이것은 가장 쉬운 일이다.

유사표현 最…了(가장 …하다)；最…的

284 >>>> 再A就B了

모종의 행동이나 상황이 지속되면 모종의 결과가 발생함을 표시한다. 이때 A와 B는 형용사, 대명사, 동사, 동사구 등이 온다. 결심, 명령, 경고등의 의미를 표시할 때는 어기가 강하다.

예문 (1) 明天我必须回家一趟，再不回， 家里人就着急了.
Míngtiān wǒ bìxū huí jiā yí tàng, zài bù huí, jiālǐ rén jiù zhāojíle.
내일 나는 반드시 집에 다녀와야 한다. 계속 안 가보면, 가족들이 불안해 할 것이다.

(2) 师傅，能不能再快一点儿?
Shīfù, néng bu néng zài kuài yīdiǎnr?
기사님, 조금 더 빨리 갈 순 없을까요?

已经够快了，再快就要出事了。
Yǐjīng gòu kuàile, zài kuài jiù yào chūshìle.
이미 충분히 빨라요, 더 빨리 가면 사고 날거에요.

(3) 你再这样，就别怪我不客气了!
Nǐ zài zhèyàng, jiù bié guài wǒ bú kèqile!

네가 또 그러면, 내가 뭐라고 해도 탓하지 마라

[유사표현] 如果再… , 就… ; 别… , 否则…

285 >>>> 再A也B

어떤 결과가 이전의 행동이나 상황의 발전 때문에 변한 것이 아님을 강조한다. 이때 A는 형용사 동사 혹은 동사구, B는 주로 동사성 단어나 구문이 온다. 그리고 "再A"는 명사를 수식할 수 있다. 전면에 "就是", "就算", "即使" 등의 접속사를 사용할 수 있다.

[예문] (1) 这房子虽然旧了，但再住上一二十年也没问题。
Zhè fángzi suīrán jiùle, dàn zài zhù shàng yí 'èrshí nián yě méi wèntí.
이 집은 비록 오래 되었지만 일이십년 더 살아도 문제없다.

(2) 世界太大了，再富的地方也有穷人，再穷的地方也有富人。
Shìjiè tài dàle, zài fù de dìfāng yěyǒu qióngrén, zài qióng de dìfāng yěyǒu fùrén.
세상은 너무 커서, 아무리 부유한 지역이라도 거지는 있고, 아무리 가난한 지역이라도 부자는 있다.

(3) 那里就是再苦、再穷，我也要去。
Nàlǐ jiùshì zài kǔ, zài qióng, wǒ yě yào qù.
그곳이 아무리 어렵고 가난하다해도, 나는 갈 것이다.

[유사표현] 即使… , 也… ; 就是… , 也…

286 >>>> …再A也不迟

"…해도 늦지 않다"라는 의미로 특정한 시간이 되면 다시 모종의 일을 해도 아무 영향이 없음을 표시한다. 이때 A는 동사나 동사구이다. "迟"는 때로는 "晚"과 상호 교환할 수 있다.

[예문] (1) 我觉得孩子过几年再学电脑也不迟，太早了容易影响视力。
Wǒ juédé háizi guò jǐ nián zài xué diànnǎo yě bù chí, tài zǎole róngyì yǐngxiǎng shìlì.
내가 생각하기엔 아이가 몇 년 뒤에 컴퓨터를 배운다 해도 늦지 않다, 너무 일찍 배우면 시력에 영향을 끼칠 것이다.

(2) **别着急，等我回来你再去也不晚。**
Bié zhāojí, děng wǒ huílái nǐ zài qù yě bù wǎn.
너무 조급해 하지 마. 내가 돌아온 다음에 가도 늦지 않다.

(3) **你先上班去吧，这件事下班后再告诉他也不迟。**
Nǐ xiān shàngbān qù ba, zhè jiàn shì xiàbān hòu zài gàosu tā yě bù chí.
너 먼저 출근해라. 이일은 퇴근하고 그에게 알려도 늦지 않다.

[유사표현] 等⋯ 以后再⋯

287 >>>> 再A也没有⋯A

비교하는 문장으로 전자의 수량이나 정도가 후자만 못함을 표시한다. 이때 A는 형용사가 오고 비교하는 데 사용한다.

[예문] (1) **这里的房价真高啊！再高也没有纽约高。**
Zhèlǐ de fángjià zhēn gāo a! Zài gāo yě méiyǒu Niǔyuē gāo.
이곳의 집값은 정말 비싸다. 아무리 비싸도 뉴욕보다 비싸지는 않을 것이다.

(2) **你朋友再多也没有他多。**
Nǐ péngyou zài duō yě méiyǒu tā duō.
네 친구가 아무리 많아도 그보다 많지 않을 것이다.

(3) **现在的蔬菜真够贵的，还不如吃肉呢。**
菜再贵也没有肉贵呀！
Xiànzài de shūcài zhēn gòu guì de, hái bùrú chī ròu ne.
Cài zài guì yě méiyǒu ròu guì ya!
요즘 야채 가격이 제법 비싸니, 고기를 사먹는 게 났지.
야채가 아무리 비싸도 고기보다 비싸지는 않아.

288 >>>> 再(给我) A ⋯⋯

상대에 대한 경고나 위협을 표시한다. 어기가 비교적 강하다. 이때 A는 동사나 동사구이고 뒤에 통상 수사 "一"을 포함한 수량사가 온다. 주어는 통상 2인칭대명사이고 때로는 생략이 가능하다. "给我"는 생략할 수 있다.

예문 (1) 你再给我说一遍!
Nǐ zài gěi wǒ shuō yíbiàn!
너 다시 한 번 말해봐!

(2) 你再给我动一下, 别怪我不客气!
Nǐ zài gěi wǒ dòng yíxià, bié guàiwǒ bú kèqi!
너 한번만 더 움직여라, 내가 뭐라고 해도 탓하지 마라.

(3) 再给我迟到一次, 看我怎么收拾你!
Zài gěi wǒ chídào yícì, kàn wǒ zěnme shōushí nǐ!
한 번만 더 지각해봐, 어떻게 내가 너를 벌줄지 봐라!

289 >>>> 俩谁跟谁呀

"우리 사이에 무슨 말이냐?"라는 의미로 대화하는 쌍방의 관계가 밀접하여 피차의 구분이 없음을 표시한다. 주로 친숙한 사람들 간에 사용한다.

예문 (1) 你有事, 还用得着说"请"吗? 咱俩谁跟谁呀。
Nǐ yǒushì, hái yòng de zháo shuō"qǐng"ma? Zán liǎ shéi gēn shéi ya.
일 있으면, '청한다'고 까지 해야 해? 우리 사이에 무슨 소리야.

(2) 有好事我还能忘了你吗? 咱俩谁跟谁呀。
Yǒu hǎoshì wǒ hái néng wàngle nǐ ma? Zán liǎ shéi gēn shéi ya.
좋은 일에 내가 너를 잊을 리가 있냐? 우리 사이에 무슨 소리야.

(3) 让我怎么谢你呢? 你也太见外了, 咱俩谁跟谁呀。
Ràng wǒ zěnme xiè nǐ ne? Nǐ yě tài jiàn wàile, zán liǎ shéi gēn shéi ya.
내가 너에게 어떻게 감사해야 하지?
너 정말 서먹하게, 우리 사이에 무슨 소리야.

유사표현 都是朋友嘛(모두 친구다) 咱俩还客气什么(우리사이에 뭘 사양하냐)

290 >>>> 早不A, 晚不A

선택한 시기 혹은 사건 발생한 시간이 적합하지 않음을 표시한다. 분노와 원망의 의미를 갖는다. 이때 A는 동사나 동사구가 온다.

예문 (1) 你早不走, 晚不走, 偏偏忙的时候走, 你什么意思?
Nǐ zǎo bù zǒu, wǎn bù zǒu, piānpiān mángde shíhou zǒu, nǐ shénme yìsi?

너 계속 가지 않더니, 기어코 바쁠 때 가는 건 무슨 뜻이야?

(2) 这鬼天气, 早不下, 晚不下, 偏偏在半路上下, 只好挨淋。
Zhè guǐ tiānqì, zǎo bú xià, wǎn bú xià, piānpiān zài bànlù shàng xià, zhǐhǎo ái lín.
이 이상한 날씨, 비가 계속 내리지 않더니, 굳이 가는 도중에 비가 내려, 젖을 수밖에 없구나.

(3) 你怎么早不去, 晚不去, 非要现在去?
Nǐ zěnme zǎo bú qù, wǎn bú qù, fēi yào xiànzài qù?
너 계속 가지 않더니, 지금가지 않으면 안 되는 거냐?

[유사표현] 真不巧(정말 공교롭지 않다)
来一个棒冰。真不巧, 卖光了。
하드하나 주세요. 정말 공교롭게도 다 팔렸네.

291 A 得多了

정도가 심한 것을 표현한다. A는 동사나 형용사가 온다. 두 가지 사물을 비교할 때 사용하기도 한다.

[예문] (1) 纽约比这儿冷得多了。
Niǔyuē bǐ zhèr lěng de duō le.
뉴욕은 여기보다 훨씬 더 춥다.

(2) 中国菜比美国菜好吃得多了。
Zhōngguó cài bǐ Měiguó cài hǎo chī de duō le.
중국음식이 미국 음식보다 훨씬 더 맛있다.

(3) 我们现在的生活比以前好得多了。
Wǒmen xiànzài de shēnghuó bǐ yǐqián hǎo de duō le.
우리 지금 생활이 이전에 비해 많이 좋아졌다.

[유사표현] 最…的了(가장 …하다)
你选的那个是最好的了。 당신이 선택한 그것이 가장 좋은 것이다

292 连… 都不…

"~조차 ~하지 않다"라는 의미로 정도가 심한 것을 강조한다. "都"자 대신 "也"자를 사용할 수도 있다.

[예문] (1) 他连这一点道理都也不明白。
Tā lián zhè yī diǎn dàoli dōu bù míngbai.

그는 이 조그만 도리조차도 잘 모른다.

(2) 别说白酒，他连黄酒也不喝。
Bié shuō báijiǔ, tā lián huángjiǔ yě bù hē.
그는 백주는 말할 것도 없고 황주도 마시지 않는다.

(3) 封建社会人民的生活连牛马都不如。
Fēngjiàn shèhuì rénmín de shēnghuó lián niúmǎ dōu bùrú.
봉건사회 백성의 생활은 소나 말보다도 못했다.

[유사표현] 连… 也(…조차도)
这条胡同太狭窄，连汽车也开不进去。
이 골목은 너무 좁아서 자동차조차 들어갈 수 없다.

293 〉〉〉〉 有的A, 有的B

"일부는"이란 의미로, 병렬된 각 성분 앞에서 사용하여, 여러 가지 상황이 동시에 존재함을 표시한다. 이 때 "或则"라고 쓸 수도 있다. 이때 A와 B는 주로 동빈구조의 단어가 온다.

[예문] (1) 同学们都参加一项活动，有的打篮球，有的下棋。
Tóngxuémen dōu cānjiā yí xiàng huódòng, yǒude dǎ lánqiú, yǒude xià qí.
모든 급우들이 다 활동에 참가한다. 일부는 농구를 하고 일부는 바둑을 둔다.

(2) 有的学习外语，有的锻炼身体，大家都充分利用时间。
Yǒude xuéxí wàiyǔ, yǒude duànliàn shēntǐ, dàjiā dōu chōngfèn lìyòng shíjiān.
누구는 외국어를 배우고 누구는 몸을 단련하고 모두 시간을 충분히 이용한다.

(3) 人的声音各有不同：有的洪亮，有的沙哑。
Rén de shēngyīn gè yǒu bùtóng: Yǒude hóngliàng, yǒude shāyǎ.
사람의 목소리는 각각 다르다；혹은 우렁차고 혹은 쉰 소리가 난다.

[유사표현] 有的A, 有的B, 还有的C
我的玩具有的是黄的，有的是红的，还有的是灰的。
내 완구는 어떤 것은 노랗고 어떤 것은 빨갛고 또 어떤 것은 회색이다.

294 〉〉〉〉 一直…

"계속…하다"라는 의미로 상황이나 동작이 변화가 없고 한가지로 유지됨을 표현한다.

예문 (1) 从前天晚上起，雨一直下了整整两天。
Cóng qiántiān wǎnshàng qǐ, yǔ yīzhí xiàle zhěngzhěng liǎng tiān.
그저께 저녁에 시작하여 비가 이틀간 계속 내린다.

(2) 一直到晚年，他仍然坚持每天写作。
Yīzhí dào wǎnnián, tā réngrán jiānchí měitiān xiězuò.
계속 만년에 이르기까지 그는 여전히 매일 글쓰기를 견지한다.

(3) 我们一直走到天亮。
Wǒmen yìzhí zǒu dào tiān liàng.
우리는 날이 샐 때까지 계속 걸었다.

295 >>>> 既不A, 也不B

"A도 않고 B도 않다"라는 의미로 두 가지 다 부정적인 이미를 표현한다. "既不…又不…"로도 사용할 수 있다.

예문 (1) 他既不聪明，也不用功，所以成绩很差。
Tā jì bù cōngmíng, yě bú yònggōng, suǒyǐ chéngjī hěn chà.
그는 총명하지도 않고 노력도 하지 않아서 성적이 매우 나쁘다.

(2) 我很害怕，既不敢前进，又不敢留在原地。
Wǒ hěn hàipà, jì bù gǎn qiánjìn, yòu bù gǎn liú zài yuándì.
나는 너무 두려워 앞으로 나가지도, 감히 원래 장소에 머물 수도 없었다.

(3) 你既不念书，又不做事，打算做甚么？
Nǐ jì bú niànshū, yòu bú zuòshì, dǎsuàn zuò shénme?
너는 공부도 하지 않고 일도 하지 않으니 뭐가 되려 그래?

296 >>>> 尽管 A 也 B

"설사 A 일지라도, B가 아니다"라는 의미로 후반부를 강조한다. 후반에 주로 부정사를 사용하여 내용을 강조한다.

예문 (1) 尽管他强作镇定，但也无法掩饰畏惧。
Jǐnguǎn tā qiáng zuò zhèndìng, dàn yě wúfǎ yǎnshì wèijù.
그는 억지로 진정하려했으나 두려움을 감출 수 없었다.

(2) 尽管他家里穷，但他却一点也不自卑！
Jǐnguǎn tā jiālǐ qióng, dàn tā què yīdiǎn yě bú zìbēi!
그의 집이 가난할 지라도 그는 전혀 비굴하지 않다.

(3) 尽管你受了很多的委屈, 也不要轻易掉泪。
　　Jǐnguǎn nǐ shòule hěnduō de wěiqu, yě búyào qīngyì diào lèi.
　　당신이 억울한 일을 많이 당했을 지라도 쉽게 눈물을 흘리지 말라.

[유사표현] 尽管A, 但是B(A할지라도 B하다)
尽管工人加班生产, 但是仍不能满足市场需要。
직원이 초과 근무를 해서 생산할 지라도 시장이 수요를 충족할 수 없다.

297 之所以A, 是因为B

"A하는 이유는, B 때문이다"라는 의미로 원인과 결과를 표현한다. "因为… 所以…"의 다른 표현 방식이다.

(1) 大家之所以喜爱熊猫, 是因为它长得实在可爱。
　　Dàjiā zhī suǒyǐ xǐ ài xióngmāo, shì yīnwèi tā zhǎng de shízài kě ài.
　　모두 팬더를 좋아하는 이유는 정말로 귀엽기 때문이다.

(2) 我之所以生气, 是因为你一而再, 再而三地犯同样的错误。
　　Wǒ zhī suǒyǐ shēngqì, shì yīnwèi nǐ yī ér zài, zài ér sān di fàn tóngyàng de cuòwù.
　　내가 화난 이유는 네가 여러번 계속 동일한 실수를 하기 때문이다.

(3) 市场预测之所以很灵验, 是因为他们做了大量的市场调查。
　　Shìchǎng yùcè zhī suǒyǐ hěn língyàn, shì yīnwèi tāmen zuòle dàliàng de shìchǎng diào chá.
　　시장 예측이 매우 신통한 이유는 그들이 대량의 시장조사를 했기 때문이다.

[유사표현] 因为… 所以…(…때문에, 그러므로…)

298 像A 像B

비유의 대상이 "A 같고 B 같다"는 의미를 나타낸다. 이때 A와 B는 상호 성질이 같은 단어가 온다. 후반 "像"자 앞에 "又"자를 첨가하기도 한다.

(1) 那种葡萄, 红的像玛瑙, 绿的像翡翠。
　　Nà zhǒng pútáo, hóngde xiàng mǎnǎo, lǜde xiàng fěicuì.
　　저 포도는 붉은 것은 마노 같고 푸른 것은 비취 같다.

(2) 春雨像牛毛一样, 又像银针一样。
　　Chūnyǔ xiàng niúmáo yíyàng, yòu xiàng yín zhēn yíyàng.
　　봄비가 마치 소털 같고 또 은침같이 (가늘다).

(3) 看着弯弯的月亮，像是小船，又像是镰刀。
Kànzhe wān wān de yuèliang, xiàng shì xiǎochuán, yòu xiàng shì liándāo.
굽은 달을 보면 마치 작은 배나 낫 같다.

유사표현 好像A 又像B

299 >>>> 唯有A, 才B

"A 해야만 비로소 B할 수 있다"라는 의미를 표현한다. 이때 A는 유일한 조건을 말한다.

예문 (1) 唯有努力研发产品，公司才能永续发展。
Wéiyǒu nǔlì yánfā chǎnpǐn, gōngsī cáinéng yǒngxù fāzhǎn.
열심히 제품개발을 해야만 회사가 비로소 지속적으로 발전할 수 있다.

(2) 事情严重，唯有快刀斩乱麻，才能解决问题。
Shìqíng yánzhòng, wéiyǒu kuàidāo zhǎn luànmá, cái néng jiějué wèntí.
상황이 심각하여 핵심을 찔러 처리해야만 문제를 해결할 수 있다.

(3) 这件事唯有彻底地斩草除根，才算治本。
Zhè jiàn shì wéiyǒu chèdǐ di zhǎncǎochúgēn, cái suàn zhìběn.
이 일은 오직 뿌리를 완전히 제거해야만 근본을 해결할 수 있다.

유사표현 只有…才能…(…해야만 비로소 …할 수 있다)
只有大量植树种草，才能防止水土流失。
나무를 대량으로 심어야만 비로소 토사의 유실을 방지할 수 있다.

300 >>>> 要A 不要B

"A 하고 B 해서는 안 된다"는 의미를 표시한다. 이때 A와 B는 서로 상대적인 의미의 단어가 온다.

예문 (1) 我们学习要踏实认真，不要好高骛远。
Wǒmen xuéxí yào tàshí rènzhēn, búyào hàogāowùyuǎn.
우리는 학습이 실용적이고 성실해야 하고, 허파에 바람이 들어서는 안 된다.

(2) 上课时要注意听讲，不要四处张望。
Shàngkè shí yào zhùyì tīngjiǎng búyào sìchù zhāngwàng.
수업시간에 경청을 하고 사방을 두리번거리지 말라.

(3) 做事要务实，不要尽走形式。
Zuòshì yào wùshí, búyào jǐn zǒu xíngshì.
일을 함에 실용적이어야 하고 형식적이어서는 안 된다.

편저자 약력

이 경 규

강원대학교 중어중문학과 교수
대만대학교 중국문학 박사
EBS 초급 중국어 중급중국어 방송 (2001년~2004년)
고문허사사전(J&C), 중국인의 감정표현법(강원대학 출판부), 인터넷으로 배우는 중국어(J&C)

중국어 관용구 300

초판인쇄	2018년 02월 19일
초판발행	2018년 02월 23일
편 저 자	이 경 규
발 행 인	윤 석 현
발 행 처	제이앤씨
책임편집	최 인 노
등록번호	제7-220호
우편주소	서울시 도봉구 우이천로 353 성주빌딩 3층
대표전화	02) 992 / 3253
전 송	02) 991 / 1285
홈페이지	http://www.jncbms.co.kr
전자우편	jncbook@hanmail.net

ⓒ 이경규, 2018 Printed in KOREA.

ISBN 979-11-5917-093-5 (13720)   정가 12,000원

* 이 책의 내용을 사전 허가 없이 전재하거나 복제할 경우 법적인 제재를 받게 됨을 알려드립니다.
** 잘못된 책은 구입하신 서점이나 본사에서 교환해 드립니다.